I0616212

La épica fracasa en la historia europea

Explorando los errores históricos, los errores garrafales y las valiosas lecciones del pasado de Europa

Tabla de contenidos

Introducción

A medida que avanza la década de 2020, cada vez está más claro para todos que la humanidad está viviendo una vez más tiempos históricamente decisivos, no solo en Europa, sino en todo el mundo. Al igual que en siglos pasados, Europa está desempeñando su papel como uno de los epicentros de los principales acontecimientos.

En tiempos tan trascendentales que tienen el potencial de alterar el curso de la historia, es primordial recordar el pasado, reflexionar sobre sus muchas historias y lecciones, y aplicar lo que se puede aprender al presente. Los errores de la historia han sido abundantes a lo largo de los milenios, y estudiarlos podría ser la mejor esperanza de la humanidad para evitar los mismos errores en el futuro.

Los fracasos épicos de la historia europea se han presentado en todas las formas y han dado lugar a diversos grados de catástrofe, por lo que a menudo parecen considerablemente diferentes entre sí a nivel superficial. Sin embargo, algunos temas comunes comienzan a surgir una vez que las causas subyacentes se ponen bajo una lupa más fuerte. Por encima de todo, estos temas comunes tienen que ver con las locuras humanas, que a menudo son las fuerzas impulsoras detrás de los desastres.

Los acontecimientos históricos que pueden parecer no tener nada en común a menudo pueden provenir de las mismas fuentes que son demasiado humanas. La arrogancia, la falta de liderazgo, la subestimación, la planificación estratégica defectuosa o la falta de pensamiento crítico pueden hundir transatlánticos civiles o devastar armadas enteras operadas por imperios masivos. Estos y otros factores humanos inherentes también pueden propagar plagas mortales, exacerbar hambrunas, sabotear los esfuerzos de paz, provocar calamidades industriales y mucho más.

Las anécdotas históricas de este libro son más que una recopilación. Son una serie de estudios de casos y lecciones sobre la falibilidad humana en todas sus formas. Por supuesto, sería injusto atribuir cada paso en falso de la historia únicamente a un error humano, ya que el destino ha jugado a menudo sus cartas. Sin embargo, la naturaleza impredecible del destino es una fuerza natural que es una constante eterna y no da cuartel a nadie. Sin embargo, a algunas personas les resulta más fácil navegar por los mares tormentosos del destino que a otras.

Esto sucede cuando las personas son capaces de escapar de las garras del error humano y la presunción tomando las decisiones correctas. Evitar los errores humanos recurrentes es la forma en que los individuos, las comunidades y las naciones han evitado el desastre a lo largo de la historia, al menos por un tiempo más que aquellos que se estrellaron y quemaron antes que ellos.

En una línea de tiempo lo suficientemente larga, prácticamente todos los esfuerzos humanos se desmoronarán, pero eso no cambia el hecho de que muchos de los fracasos épicos de la historia europea y mundial podrían haberse evitado. Es por eso que estudiar y comprender verdaderamente la historia es tan importante, que es lo que este libro hará no solo catalogando los fracasos, sino también examinando los errores exactos que los llevaron a ellos, y cómo podrían haberse evitado.

Capítulo 1: La arrogancia del Titanic y la calamidad de la caballería

En la construcción naval y la guerra, siempre han sido abundantes las oportunidades para que las grandes mentes demuestren inventiva y creatividad. Por otro lado, estas disciplinas antiguas han dado lugar a todo tipo de errores que han dado lugar a muchos desastres humanos importantes.

Un diagrama del Titanic[1]

El hundimiento del *Titanic* es un ejemplo bien conocido de cómo incluso las hazañas de ingeniería más impresionantes e innovadoras no son inmunes al destino. El *Titanic* es un excelente caso de estudio de cómo los grandes éxitos de ingeniería a veces pueden inspirar un exceso de confianza, lo que resulta en una mala toma de decisiones y planificación, particularmente debido a un falso sentido de infalibilidad. Problemas similares son comunes en la guerra, pero los torbellinos caóticos del combate hacen que sea aún más difícil mantener la cabeza despejada y tomar las decisiones correctas. A veces, un simple error de comunicación o un malentendido puede conducir a resultados desastrosos, como en el caso de la desafortunada carga de caballería ligera británica durante la batalla de Balaclava en 1854.

El prestigio y la caída de un barco

El hundimiento del RMS *Titanic* el 14 y 15 de abril de 1912 es una historia que no requiere una introducción intrincada, pero como con cualquier barco, la *historia del Titanic* comenzó en la mesa de dibujo y el astillero. No es que nadie creyera realmente que este poderoso transatlántico fuera insumergible en el sentido literal de la palabra, pero la forma en que se construyó el barco, su imponente tamaño y su diseño inspiraron una tremenda confianza. A todos los efectos, el barco más grande de los mares en ese momento se consideraba prácticamente insumergible.

Prácticamente insumergible

Como era de esperar, la mayoría de las historias sobre el *Titanic* tienden a centrarse en el desastre final y en unas 1.500 almas que perecieron con el barco. Sin embargo, la forma en que se concibió y construyó el barco también jugó un papel importante en su desaparición. Más precisamente, la impresionante estatura y enormidad del *Titanic* dieron origen a su leyenda mucho antes del desastre, y este prestigio probablemente jugó un papel en algunas de las trágicas decisiones que empeoraron el hundimiento.

La impresionante estatura y enormidad del Titanic dieron origen a su leyenda²

El sueño del *Titanic* nació en una época en la que los viajes a través del Atlántico se estaban convirtiendo en algo más que una simple cuestión de transportar personas entre los puntos A y B a través del Gran Charco. A principios del siglo XX, varias compañías navieras ya habían hecho su fortuna transportando pasajeros y mercancías a través del océano, y los viajes marítimos se habían convertido en un comercio humano perfeccionado debido a ello. La competencia entre estos negocios esenciales ya no se basaba tanto en meros tecnicismos como la velocidad y la seguridad como en la comodidad. La construcción de barcos rápidos y potentes seguía siendo un aspecto clave de la construcción naval, por supuesto, pero los pasajeros alrededor de 1907 buscaban cada vez más no solo atravesar el océano, sino divertirse mientras lo hacían. Esto era especialmente cierto para los clientes adinerados, que habían llegado a esperar que sus viajes conllevaran todo tipo de lujos a los que estaban acostumbrados.

Para superar a competidores como Cunard Line y sus impresionantes nuevos transatlánticos como el *Mauretania* y el *Lusitania,* la naviera británica White Star Line necesitaba algo especial en su flota. Joseph Bruce Ismay ya había convertido a White Star Line en una poderosa compañía en 1907, pero la intensa competencia de sus rivales lo presionó para apuntar más alto. En el verano de ese año, Ismay decidió dirigirse a los constructores navales de Harland and Wolff en Belfast, presentando sus ideas al presidente de la compañía, William James Pirrie.

Los requisitos de Ismay eran simples. Quería barcos que fueran más grandes y mejores en todos los sentidos, y quería una flota de ellos. No bastaba con competir con los rivales del Estrella Blanca. En comparación, las naves de Ismay tenían que hacer que las de sus competidores parecieran pequeñas y obsoletas. Mientras deliberaban durante la cena y las copas en la casa de Pirrie en Londres, Pirrie comenzó a dibujar de acuerdo con la visión de Ismay. Se llegó a un acuerdo para diseñar y construir tres barcos iguales: *el Olympic, el Gigantic* y el *Titanic.*

No pasó mucho tiempo hasta que el trabajo comenzó en Belfast, y Harland y Wolff acumularon miles de trabajadores para el monumental proyecto. Alrededor de 15.000 trabajadores estaban disponibles en un día cualquiera en el impresionante astillero de Harland and Wolff, y la mayor parte de ellos tenían la tarea de construir simultáneamente el *Titanic* y el *Olympic.* A partir de 1909, un núcleo de alrededor de 3.000

trabajadores fue asignado específicamente al *Titanic* bajo la supervisión de Thomas Andrews. A medida que fue creyendo gradualmente, el enorme casco de acero era un espectáculo imponente en el astillero de Belfast. Las tres hélices colosales del barco tenían 23 pies de ancho, elevándose sobre los trabajadores del astillero en fotografías históricas que aún se admiran.

El título del *Titanic* como el barco más grande del mundo en ese momento fue un resultado incidental del proceso de construcción. Tanto el *Titanic* como su hermano, el *Olympic,* estaban destinados a tener 882 pies de largo, eclipsando a la competencia principal en más de 120 pies. Sin embargo, una longitud no planificada de nueve pulgadas sobre la diseño original señaló al Titanic como el ilustre titular durante la construcción. Sus quince mamparos de acero eran particularmente impresionantes, lo que proporcionaba los compartimentos bastante conocidos, presumiblemente estancos, en el interior del barco.

Los compartimentos y otros aspectos del diseño del enorme barco llenaron a sus constructores de orgullo y confianza de que el barco dominaría los mares incluso después de sufrir daños en su casco. Mirando las cosas desde una perspectiva histórica, es posible que al menos parte de la confianza proviniera del hecho de que el Atlántico Norte no había visto un desastre marítimo civil significativo en cuatro décadas. Tal vez complacencia sería una palabra demasiado fuerte, pero los 40 años de navegación tranquila en el Atlántico Norte ciertamente habrían producido una sensación de que la tecnología había avanzado hasta un punto en el que rara vez se imaginaba el hundimiento de un barco moderno. El capitán del *Titanic*, Edward John Smith, albergaba ideas similares sobre el transporte marítimo moderno cuando su nuevo y enorme barco fue botado el 31 de mayo de 1911.

El desastre y sus causas y efectos

El origen de la idea de que el *Titanic* era insumergible es difícil de determinar, pero la *revista Shipbuilder* probablemente jugó un papel. Otras publicaciones también siguieron de cerca la construcción y botadura del maravilloso barco, al igual que una multitud de alrededor de 100.000 personas que vieron al *Titanic* hacer su primer movimiento en el río Lagan. Después de inspeccionar el barco y entrevistar a los constructores, el *constructor naval* comentó que el barco parecía "prácticamente insumergible". Esta fue probablemente la caracterización que más tarde evolucionó en la idea coloquial de que White Star había lanzado una nave invulnerable.

Los constructores del Titanic creían que incluso si su barco era perforado en una fuerte colisión, probablemente permanecería a flote porque dos compartimentos enteros en su interior podrían inundarse sin poner en peligro el resto. Los representantes de Harland y Wolff dijeron lo mismo a la prensa en la época en que el *Titanic* se había embarcado en sus pruebas de mar y estaba a punto de comenzar su viaje inaugural.

Dado que el RMS Titanic de 46.000 toneladas fue una hazaña tan impresionante de la construcción naval, la pregunta principal siempre ha sido cómo fue posible que tuviera un final tan desastroso en la noche del 14 de abril de 1912. De hecho, esta debería ser una pregunta de dos partes. La primera parte es cómo se hundió exactamente, y esa pregunta ha sido bastante fácil de responder. El segundo punto de controversia, el más difícil, siempre ha consistido en todas esas formas evitables en las que el desastre era probablemente mucho peor de lo que tenía que ser.

El *Titanic* se embarcó en su trágico viaje poco después de ser certificado por la Junta Británica de Comercio, navegando inicialmente a Southampton para cargar mercancías y pasajeros por primera vez. El 10 de abril de 1912, el nuevo y magnífico buque zarpó de Southampton y se dirigió a Nueva York, y el resto es historia. Oficialmente, el RMS *Titanic* se hundió en la noche del 14 de abril tras chocar con un enorme iceberg en las cercanías de Terranova. Los historiadores coinciden en que el desastre fue producto de varios factores, no solo de la colisión.

Por un lado, es probable que el enorme barco navegara demasiado rápido, a 22 nudos, lo que se ha atribuido al capitán Smith. El alto número de icebergs era una característica conocida de esa zona particular del Atlántico Norte, pero eso no disuadió al capitán y su tripulación. Una de las teorías más exasperantes, que puede o no haber sido un mero rumor, es que Smith estaba compitiendo con el *Olympic,* tratando de superar su tiempo de cruce en el Atlántico. Otra teoría más reciente es que la tripulación del barco estaba lidiando con un incendio en uno de sus búnkeres de carbón, lo que les obligó a aumentar la velocidad de navegación a toda velocidad.

Para colmo de males, el *Titanic* había estado en contacto con otro barco de la zona, el *Californian,* cuya tripulación emitió una advertencia sobre icebergs en el camino del *Titanic*. Un error aparentemente arbitrario en la comunicación hizo que la tripulación del *Titanic* no tomara en serio la advertencia. Debido a que el *Californian* no utilizó el protocolo de radio correcto, su mensaje fue interpretado por los operadores de relación del *Titanic* como no urgente, lo que significa que no fue llevado inmediatamente al capitán del barco.

Según algunos relatos, un error de navegación igualmente simplista también podría haber contribuido al desastre. La nieta de un oficial de alto rango y sobreviviente del *Titanic*, Charles Lightoller, afirmó en 2010 que los miembros de la tripulación que dirigían el barco entraron en pánico cuando se hizo evidente que el barco se dirigía hacia un enorme iceberg. Supuestamente, el pánico y la confusión hicieron que hicieran un giro equivocado y se dirigieran directamente hacia el iceberg en lugar de alejarse de él. Las condiciones de niebla y las mareas récord en el área probablemente exacerbaron la confusión y trajeron una cantidad inusual de hielo. Algunos de los investigadores más recientes creen que la mano de la naturaleza fue fundamental en la colisión.

Tres errores humanos adicionales también estuvieron en el corazón de la calamidad. Primero, después de que finalmente se descubrieran los restos del naufragio en 1985, los estudios sobre los materiales del barco encontraron que los constructores del *Titanic* probablemente habían tratado de reducir costos durante la construcción. Particularmente problemáticos eran los millones de remaches que mantenían las muchas placas del casco en su lugar. Tim Foecke y Jennifer Hooper McCarty estudiaron docenas de remaches recuperados por expediciones, descubriendo que habían sido fundidos con demasiado material barato, lo que los hacía propensos a fracturarse. Los investigadores creen que esta fue la razón principal por la que el *Titanic* se partió por la mitad mientras se hundía, lo que empeoró mucho el desastre.

Otro descuido trágico y quizás alucinante fue la falta de binoculares para los vigías del barco. En un giro aparentemente menor pero peligroso del destino, el oficial a cargo de las llaves del almacenamiento de binoculares del barco tenía las llaves en su bolsillo cuando fue transferido del *Titanic* justo antes de que zarpara de Southampton. Según algunos de los vigías supervivientes, los prismáticos adicionales podrían haber sido fundamentales para ayudar a la tripulación a detectar el iceberg a tiempo. Las llaves se vendieron como recuerdos en la década de 2000 por 90.000 libras.

Al final, ninguna historia de la trágica desaparición del *Titanic* está completa sin lo que quizás sea su aspecto más controvertido. El *Titanic* no tenía suficientes botes salvavidas para todos a bordo, navegando con solo 20, suficientes para transportar solo a la mitad de los aproximadamente 2.240 pasajeros y tripulantes. Los 20 botes salvavidas eran suficientes para satisfacer el mínimo legal en ese momento, pero los inspectores en Southampton aún aconsejaron al *Titanic* que aumentara el número de botes salvavidas en un 50%. El consejo cayó en oídos sordos, ya que la tripulación y la compañía operadora creían que el barco nunca los necesitaría.

Se suponía que el *Titanic* dependía de sus 16 compartimentos y mamparos herméticos para absorber una cantidad significativa de agua, incluso si estaba perforada. En tal escenario, se esperaba que el barco se mantuviera a flote y utilizara su telégrafo inalámbrico Marconi de última generación para llegar a los barcos cercanos en busca de ayuda. De acuerdo con las leyes y doctrinas de la época, no se esperaba que los botes salvavidas del barco albergaran a todos los pasajeros. En su lugar, se utilizarían como transportes para transportar gradualmente a los pasajeros a un buque de asistencia.

Nada funcionó como se esperaba esa noche. Los compartimentos dieron paso al agua y el barco se hundió en dos horas y 40 minutos. Las señales del telégrafo no fueron contestadas porque el barco más cercano, el SS *Californian,* había terminado la noche y el operador se había ido a la cama. Los botes salvavidas se llenaron frenéticamente, en completo pánico, partiendo con un espacio vacío que podría haber acomodado a 400 personas más, dejando a más de 1.500 muriendo con el *Titanic.* La catástrofe produjo una furiosa tormenta de controversia, no solo por la falta de precauciones, sino también por el hecho de que muchos de los evacuados en los botes salvavidas aseguraron sus lugares gracias a su clase y estatus.

A pesar de todo el dolor y la tristeza, el desastre dio lugar a reformas significativas. El Convenio Internacional para la Seguridad de la Vida Humana en el Mar pronto introdujo nuevas regulaciones, exigiendo que todos los buques estuvieran equipados con suficientes botes salvavidas para albergar a todos los pasajeros. Este requisito finalmente se elevó al 125% de la capacidad de cada barco, lo que demuestra que se aprendieron las duras lecciones del pasado.

La carga de la Brigada Ligera

La carga de la Brigada Ligera es el nombre que se le da a un error militar ocurrido durante la guerra de Crimea (1853-1856)[3]

La carga de la Brigada Ligera es el nombre que se le da a un error militar ocurrido durante la guerra de Crimea (1853-1856), que inicialmente enfrentó a Rusia con el Imperio otomano, al que se unió más tarde una coalición formada por el Reino Unido, Francia y el Reino de Cerdeña en menor medida. La carga fue un catastrófico asalto frontal llevado a cabo por unidades de caballería británicas contra posiciones rusas bien preparadas el 25 de octubre de 1854. Este ataque suicida no intencional ha dejado una huella significativa en la historia militar británica y se estudia hasta el día de hoy.

La acusación se considera principalmente como un estudio de caso de la importancia de cadenas de mando estables y claras, una comunicación efectiva en el campo de batalla y la indispensabilidad de una inteligencia militar de calidad. El incidente ocurrió en el contexto de la batalla de Balaclava, en la que la Brigada Ligera británica, bajo el mando de Lord Cardigan (James Brudenell), jugó un solo papel. La batalla más amplia de Balaclava también fue un enfrentamiento de un día el 25 de octubre, que se desarrolló después de que los británicos intentaran evitar que los rusos retiraran valiosas piezas de artillería de las posiciones otomanas que los rusos habían capturado previamente. La Brigada Ligera de Brudenell luchó ese día junto a otra fuerza de caballería, la Brigada Pesada, bajo el mando del mayor general James Yorke Scarlett, y otras unidades militares, incluidas algunas fuerzas francesas.

En el lado contrario, la infantería y la caballería rusas, con un importante apoyo de artillería, esperaban en posiciones preparadas y bien defendidas. Bajo el mando de Pável Petróvich Liprandi, los rusos desplegaron alrededor de 20 batallones de infantería y más de 50 cañones para apoyo de fuego. La geografía también jugó a favor de los rusos, permitiendo que su artillería pesada mantuviera el control de fuego en tres lados de lo que era esencialmente un valle muy estrecho. El valle estrecho y relativamente corto actuaba como un embudo a través del cual la caballería británica con armadura ligera tendría que cargar. El asalto nunca terminaría bien, pero el problema no era que los comandantes británicos no fueran conscientes de ese hecho.

La devastadora carga nunca tuvo la intención de suceder de esa manera. Comenzó cuando el comandante del ejército, Lord FitzRoy Somerset Raglan, ordenó al comandante general de las fuerzas de caballería británicas, el teniente general George Bingham, que se apresurara a la batalla y evitara que el enemigo capturara los cañones británicos alrededor de Causeway Heights. Sobre el papel, la misión era más que apropiada para la Brigada Ligera, ya que las unidades de caballería ligera eran ideales para perseguir y reducir a la infantería, especialmente cuando intentaban retirarse mientras arrastraban enormes cañones de artillería con ellos.

Un ataque frontal suicida

La idea de Lord Raglan era que la caballería cargara, junto con el apoyo de la infantería, con la Brigada Pesada desempeñando su papel habitual de tropas de choque y la Brigada Ligera haciendo una rápida carrera hacia la infantería rusa evacuando los cañones. En algún momento, cuando el capitán Louis Nolan entregó la orden escrita al teniente general Bingham, la información crucial se confundió y se perdió en la comunicación. La idea de que se suponía que la infantería debía seguir y proporcionar apoyo fue oscurecida.

Bingham preguntó entonces al capitán contra qué cañones debía cargar su caballería. La interpretación verbal de Nolan de la orden indicaba que Bingham debía enviar a sus hombres hacia los numerosos cañones rusos en el otro extremo del valle. Nadie pudo preguntarle a Nolan cómo ocurrió la mala interpretación porque murió

11

aproximadamente un minuto después de la carga. Actuando en cumplimiento de la orden defectuosa, Bingham ordenó a Lord Cardigan que cargara contra el valle con sus 670 soldados de caballería ligera.

La carnicería se produjo cuando la caballería corrió hacia el valle del norte en lugar de Causeway Heights. Alrededor de 110 de los soldados de caballería fueron abatidos, volados en pedazos, fusilados o sometidos a todo tipo de devastación física. Otros 160 o más fueron listados como heridos en acción. La caballería mostró un tremendo coraje en combate, ya que los elementos suicidas de su orden deben haber sido evidentes para estos combatientes experimentados. Los registros no muestran objeciones notables o insubordinación. En última instancia, las bajas de la Brigada Ligera ascendieron a alrededor del 40% de su personal y probablemente alrededor de 400 caballos.

Mientras la Brigada Ligera estaba siendo masacrada, Bingham y la Brigada Pesada inicialmente intentaron brindar apoyo y lograron flanquear y neutralizar una batería rusa en el proceso. Sin embargo, no pasó mucho tiempo hasta que Bingham, él mismo herido, determinó que la Brigada Ligera estaba en una situación desesperada y decidió retirar al resto de sus hombres, dejando a Lord Cardigan y su brigada a su espantoso destino.

No hace falta decir que la responsabilidad de este error se convirtió rápidamente en un punto de acalorado debate. Una parte particularmente preocupante de la historia fue la supuesta animosidad personal entre Bingham y Cardigan. James Thomas Brudenell, el conde de Cardigan, era el cuñado de Bingham, y algunos testigos describieron a los hombres como no se hablaban. Nominalmente, la decisión de Bingham de retirar al resto de la caballería parecía una opción destinada a reducir las bajas en una situación desesperada. Aun así, la cuestión de las venganzas personales enturbió las aguas a los ojos de muchas personas, especialmente entre las tropas.

Los hombres restantes de la Brigada Ligera, que aún podían cabalgar, finalmente lograron romper los intentos rusos de rodearlos y regresaron a casa. En última instancia, el consenso es que los comandantes principales responsables de la metedura de pata fueron Lord Raglan como comandante en jefe de las fuerzas británicas en Crimea, Lord Bingham como comandante general de caballería y el capitán Nolan como el hombre que puede o no haber sido responsable de las órdenes malinterpretadas.

Los hombres a cargo son bastante fáciles de culpar, ya que sus roles en la cadena de mando están bien registrados para que todos los vean. Los factores subyacentes de la falibilidad humana que contribuyeron a esta calamidad británica son otro tema completamente diferente, y sus análisis aún persisten. Por supuesto, la interpretación más ominosa y pesimista de los acontecimientos sería que los agravios personales entre oficiales de alto rango podrían haber contribuido a la carnicería de cientos de soldados obligados a seguir sus órdenes.

Capítulo 2: La caída de Constantinopla y la Armada Española

La historia ha sido testigo de bastantes imperios poderosos que inspiraron miedo, respeto y admiración durante su tiempo. Cuando un imperio está en su apogeo de poder económico y militar, siempre es difícil para la gente imaginar que una fuerza tan inmensa podría simplemente disiparse y abandonar el escenario mundial. Sin embargo, siempre sucede tarde o temprano; En muchos casos, no hay nada simple en el proceso. Los bizantinos, como se les llama ahora, fueron el ejemplo perfecto de todo esto.

La caída de Constantinopla'

Por otro lado, el prestigio de los imperios suele dar lugar a ciertas leyendas, que a menudo giran en torno a ciertas fortalezas de los principales estados que llegan a simbolizar su poderío a lo largo del tiempo. Inglaterra y España, que fueron superpotencias marítimas en su tiempo, llegaron a ser conocidas por su supremacía naval. Su dominio sobre las olas se convirtió en sinónimo de su inmensa fuerza e influencia, pero la historia también ha demostrado con qué facilidad se puede romper ese prestigio.

El capítulo final del Antiguo Imperio

El viejo-nuevo Imperio bizantino a menudo se malinterpreta como su propio nuevo país, y un desafortunado número de personas no sabe realmente de dónde vino. En realidad, no vino de ninguna parte. Ya estaba allí como un episodio de una cadena de estadidad que se extendía hasta la antigua Roma. Esto se debe a que el término "Imperio bizantino" es una creación de la historiografía más reciente, siendo el nombre más preciso para este estado el Imperio romano de Oriente.

Los "bizantinos", como a menudo se les llama, se veían a sí mismos y eran vistos por otros como Roma, o al menos como una continuación de ella. Fue el último vestigio del antiguo imperio después de que la parte occidental colapsara en 476. El nombre bizantino es muy útil en la historiografía actual, ya que ayuda a separar esta importante e indudablemente especial fase del Imperio romano del resto de su larga tradición estatal.

El Imperio bizantino se originó en la decisión de Constantino el Grande de trasladar su capital romana a la ciudad de Bizancio en el año 330, que pronto pasó a llamarse Constantinopla. 17 años antes, el Edicto de Milán había puesto fin a la prolongada persecución de los cristianos por parte de Roma y había cambiado fundamentalmente la relación del imperio con la joven religión. Esto permitió que la fe cristiana se extendiera más fácilmente, y ya en el año 380, el Edicto de Tesalónica convirtió al cristianismo en la religión oficial del estado de Roma. El evento final que solidificó los cimientos de lo que se convertiría en el Imperio romano de Oriente ocurrió en el año 395, cuando Roma se dividió en las regiones administrativas orientales y occidentales.

Una estatua de Constantino el Grande[6]

Según los romanos en ese momento, el imperio todavía era un estado unificado y único, pero con dos sedes de poder. Después del colapso de Roma occidental en 476, la parte oriental fue la única parte que quedaba. Todavía era un vasto imperio, y en lo que respecta a la gente que vivía en él, era simplemente Roma con menos territorio. Sin embargo, esta tierra estaba dominada por el idioma griego en lugar del latín, y comenzó a desarrollarse a lo largo de un nuevo camino ahora que el cristianismo era la religión dominante. Con un idioma diferente, una religión estatal relativamente nueva, una nueva capital en el Bósforo y habiendo sido separada de la influencia de la sede occidental del poder, no pasó mucho tiempo hasta que el Imperio romano de Oriente cobró vida propia. A pesar de la clara e ininterrumpida continuidad romana del estado, referirse a él como el Imperio bizantino desde la perspectiva histórica actual está totalmente justificado.

El largo declive

El Imperio bizantino sobrevivió a su hermano occidental por casi un milenio. El consenso historiográfico sostiene que la historia bizantina se extiende desde el traslado de la capital en 330 hasta la caída de Constantinopla en 1453. El Imperio romano de Oriente pasó por varias etapas de fuerza y debilidad, expandiéndose y contrayéndose territorialmente en numerosas ocasiones a lo largo de los siglos.

La caída de Constantinopla puede considerarse ciertamente un fracaso histórico épico, pero en este caso, no fue un incidente singular con un culpable fácilmente identificable y un error garrafal. Más bien, la caída de la última capital romana fue la conclusión prácticamente inevitable de un período prolongado de decadencia. A mediados del siglo XV, los días del dominio bizantino indiscutible a través de los Balcanes, otras partes de Europa, el Mediterráneo oriental y Anatolia habían quedado atrás.

En los siglos previos a la caída final, muchos territorios occidentales se perdieron a manos de los estados emergentes de los Balcanes, como Bulgaria y Serbia. En el este, los territorios de Anatolia estuvieron sujetos a una guerra constante con los turcos selyúcidas entre los siglos XI y XIII. Estas guerras fueron desgastando gradualmente a los bizantinos, lo que resultó en el asentamiento turco permanente de Anatolia. El Imperio selyúcida también se desmoronaría a finales del siglo XII, pero el pueblo que gobernaba no se iría a ninguna parte.

Los últimos restos del Imperio selyúcida fueron destruidos por los invasores mongoles en el siglo XIII. Después de un período de conflictos en la región, los otomanos alcanzaron prominencia en Anatolia bajo Osmán I y comenzaron a absorber a los otros turcos en 1299. Esta fue la fundación de la dinastía otomana, que construiría un imperio que duró hasta 1922. La consolidación de este nuevo estado en Anatolia fue una amenaza inmediata para el resto del Imperio Bizantino, ya debilitado por los constantes combates con los colonos turcos en el este. Por lo tanto, el año 1299 también marca el comienzo de las guerras bizantino-otomanas.

A mediados del siglo XIV, el Imperio bizantino ya había perdido prácticamente todos sus territorios en Anatolia. Solo mantuvieron ciertas áreas en los Balcanes orientales, posesiones menores en Grecia y un pedazo de Crimea en el Mar Negro. Constantinopla permaneció bajo control bizantino, pero la capital estaba ahora en el extremo oriental de su territorio, expuesta a la constante presión otomana.

Muchas otras desgracias estaban ocurriendo sobre Constantinopla en ese momento. La peste negra azotó la ciudad a finales de la década de 1340 y acabó con la mitad de su población. La peste bubónica, que ya se enfrentaba a constantes pérdidas territoriales y a una presión implacable por parte de búlgaros, serbios, latinos y otomanos, asestó un golpe devastador a los bizantinos. Todos estos factores hicieron que la vida en Constantinopla fuera menos deseable y económicamente atractiva, acelerando aún más el desgaste de la población.

A mediados del siglo XV, el otrora poderoso y venerado imperio había quedado reducido a la ciudad de Constantinopla en el Bósforo, a unos pocos kilómetros cuadrados a su alrededor, y las posesiones territoriales inconexas parecían cada vez más inalcanzables. Los otomanos ya se habían adentrado en los Balcanes en 1450. Constantinopla y los territorios bizantinos adyacentes a ella estaban ahora rodeados solo por los otomanos y los mares. Con el Imperio otomano a punto de entrar y acabar con los últimos restos de su rival imperial a largo plazo, estaba claro que la caída de Constantinopla era solo cuestión de tiempo.

Más que un solo error, la caída del Imperio bizantino se ve mejor como un estudio de caso de la fugacidad de los imperios. En su apogeo, el Imperio romano de Oriente no solo era temido y respetado, sino admirado. Para muchos, era un faro de educación e iluminación, el corazón del mundo cristiano ortodoxo oriental, y algo a lo que aspirar. Ver a lo que se había reducido a mediados del siglo XV ciertamente habría parecido increíble y apocalíptico para los estudiantes de historia en ese momento.

El asedio y sus consecuencias

El asedio para acabar con todo llegó finalmente en 1453, concluyendo el 29 de mayo con la entrada triunfal del sultán Mehmed II y el eventual saqueo de la ciudad. Constantinopla fue una fortaleza formidable a lo largo de su historia, y había soportado muchos ataques antes del asedio final otomano. Las poderosas fortificaciones de la ciudad, las murallas teodosianas, desempeñaron su papel durante siglos, y la ciudad también se encontraba en una posición geográfica ventajosa. Esto se debió a los mares que protegían la capital por ambos lados y a los medios navales que patrullaban las aguas. Esta fue la razón por la que Constantinopla resistió durante tanto tiempo, incluso después de que los otomanos ya habían penetrado en los Balcanes y conquistado a la mayoría de los vecinos del Imperio bizantino.

Constantinopla tenía poderosas fortificaciones conocidas como las Murallas Teodosianas[6]

El ejército que el sultán Mehmed II reunió para el asedio a principios de abril de 1453 contaba con al menos 60.000 a 80.000 hombres, según las estimaciones actuales, más conservadoras. Estimaciones anteriores de los historiadores situaban ese número en 200.000. Cualquiera de estas estimaciones habría constituido un ejército masivo a las puertas de Constantinopla. El tamaño del ejército otomano era impresionante, pero no era nada que la antigua capital no hubiera visto antes. Más inquietante para los defensores eran las capacidades de artillería que los otomanos habían utilizado.

La cantidad y la potencia de fuego de los cañones otomanos en esta batalla fueron innovadoras en ciertos aspectos, especialmente en el tamaño de algunos de ellos. La más grande de estas piezas de artillería podía enviar una bala de media tonelada a una distancia de casi una milla. La abertura del ánima tenía un metro de ancho, y la visión de tal potencia de fuego ciertamente habría tenido un efecto psicológico en los defensores. Sin embargo, los bizantinos no retrocedieron y simplemente no dieron respuesta a la demanda de rendición de Mehmed II el 5 de abril. El asedio comenzó al día siguiente.

Mientras los turcos otomanos abrían agujeros en las paredes con sus cañones, los defensores opusieron resistencia durante seis semanas, haciendo todo lo posible para tapar las aberturas y luchar contra la infantería que intentaba entrar. A pesar de la dura resistencia, la ayuda efectiva del papa e incluso algunas revueltas en Anatolia, Mehmed II persistió en sus ataques. Sin embargo, después de esas primeras seis semanas, Mehmed II ofreció al emperador bizantino Constantino XI la oportunidad de pagar tributos a cambio de que los otomanos se retiraran del asedio. Lo más probable es que el sultán lo hiciera para poder volver a casa y sofocar personalmente las revueltas, pero la oferta fue rechazada, y esto seguramente selló el terrible destino de Constantinopla.

Durante el asalto final el 29 de mayo, los bizantinos incluso movilizaron a mujeres y niños en un intento desesperado por defender la ciudad. En un desastroso error, una de las puertas de las murallas de la ciudad quedó abierta, que la élite de los jenízaros otomanos explotó de inmediato. No se puede saber con certeza si se trató de una traición interna o de un error fatal, pero sin duda fue el último clavo en el ataúd de Constantinopla.

Por su resistencia y despecho, Mehmed II se aseguró de que la población y la guarnición de Constantinopla fueran severamente castigadas. Constantino XI pereció en las batallas finales cuando las tropas otomanas irrumpieron en la ciudad y, así, murió el último emperador romano, cayendo bajo la espada como un soldado raso. Gran parte de su muerte sigue siendo un misterio porque se había disfrazado deliberadamente como un soldado regular para evitar que su cuerpo fuera profanado en cualquier triunfo o desfile otomano posterior. El emperador también tuvo la oportunidad de huir de la ciudad antes de que cayera, pero eligió quedarse y morir con su ciudad.

El consiguiente saqueo de Constantinopla fue el acto final de las guerras otomano-bizantinas, que concluyeron 11 siglos del Imperio romano de Oriente. Muchos de los habitantes de Constantinopla fueron asesinados durante el saqueo, mientras que otros se suicidaron, pero más de 50.000 fueron tomados como esclavos. Este monumental acontecimiento histórico marcó el fin de una era y el comienzo de otra. Consolidó al Imperio otomano como la potencia dominante en la región y en gran parte del mundo, con Constantinopla como su capital.

Este cambio de época está simbolizado hasta el día de hoy por la legendaria iglesia de Santa Sofía, construida en el año 537, que todavía se mantiene en pie en la actual Estambul. La iglesia se convirtió en mezquita poco después de que la ciudad fuera capturada, con cuatro enormes minaretes añadidos siglos después. Hoy en día, Santa Sofía se erige como un importante patrimonio de la humanidad y es visitada por muchas personas que vienen a reflexionar sobre el peso de la historia y la fugacidad del poder imperial.

La iglesia de Santa Sofía[7]

La poderosa Armada

En el siglo XVI, el Imperio español era una superpotencia mundial con enormes posesiones coloniales en las Américas y numerosos territorios en Europa, África y Filipinas. La columna vertebral de esta poderosa potencia colonial era su inmensa armada, que fue una de las flotas más formidables del mundo entre finales del siglo XV y principios del XVIII. En su apogeo, el Imperio español era el imperio más rico y grande del mundo, pero la competencia en el ámbito imperial era tremenda.

El origen de la Armada Española

La Armada Española se refiere a un acontecimiento histórico y a la propia Armada, una flota que Felipe II de España había reunido para una invasión planificada de Inglaterra en 1588. Este ambicioso plan militar nació en el contexto de la prolongada y no declarada guerra anglo-española, que duró entre 1585 y 1604. Fue un conflicto que osciló en intensidad cuando los dos estados imperiales y coloniales se enfrentaron en una lucha de poder.

Este ambicioso plan militar nació en el contexto de la prolongada y no declarada guerra anglo-española, que duró entre 1585 y 1604[8]

Las enormes posesiones coloniales de España le habían aportado una enorme riqueza en el siglo XVI, pero Inglaterra seguía siendo una espina clavada en su costado por varias razones. Más allá de la competencia colonial, Felipe II también se opuso a la salida de Inglaterra del catolicismo. Como la superpotencia católica dominante en ese momento, los españoles se habían propuesto defender la fe católica en todo el mundo, una característica bien conocida de su expansión colonial en el Nuevo Mundo.

Además, Felipe II estaba resentido por muchos aspectos de la política exterior de la reina Isabel I, en particular su apoyo a la República holandesa. Estas tensiones se intensificaron en 1585 después del Tratado de Nonsuch, que formalizó el apoyo inglés a los holandeses que se rebelaban contra el dominio español. Como un desaire adicional y aún más perturbador a la superpotencia, los corsarios británicos y holandeses se dedicaron a la piratería a lo largo de numerosas rutas comerciales marítimas españolas. Sir Francis Drake se distinguió particularmente en estas actividades al atacar las rutas españolas en el Caribe entre 1585 y 1586.

Todos estos factores ayudaron a Felipe II a la hora de hacer algo con los ingleses y poner fin a su injerencia. De este modo, se pusieron en marcha las ruedas para una invasión de Inglaterra, con los objetivos principales de ser el derrocamiento de Isabel I, la restauración del catolicismo y, en última instancia, el control político español sobre Inglaterra. Si hubiera tenido éxito, la invasión probablemente habría resultado en la absorción de Inglaterra en el Imperio español.

Para la campaña, Felipe asignó unos 30.000 soldados de élite comandados por Alejandro Farnesio, duque de Parma y regente español en los Países Bajos. Estas tropas fueron estacionadas en Flandes y designadas como las principales fuerzas terrestres para la invasión. El ejército tendría que cruzar el estrecho de Dover para invadir Inglaterra, lo que significaba enfrentarse a la flota inglesa que patrullaba el estrecho adyacente al Canal de la Mancha. Esto significaba que España tendría que enviar sus activos navales para neutralizar la amenaza y despejar estas aguas.

La formación de este grupo de trabajo llevaría casi dos años, y la armada llegaría a unos 130 barcos. La flota iba a ser comandada por Alonso de Guzmán, duque de Medina-Sidonia. El duque no tenía experiencia al frente de una armada o incluso de una pequeña flota, pero Felipe II confiaba en la superioridad naval de España. La confianza ciertamente no era infundada, ya que España prácticamente había dominado los mares en ese momento, y sus enormes galeones eran una fuerza temible.

El indecoroso final de la Armada

La confianza es una cosa, pero nombrar a un comandante inexperto para una flota importante y subestimar severamente las capacidades del enemigo implicaba otra cosa. Después de sus muchos éxitos en la guerra, la expansión masiva y la adquisición de una riqueza asombrosa, es posible que el Imperio español cayera en la complacencia. Sin embargo, en última instancia, la flexibilidad táctica y el uso inteligente de las armas determinarían el resultado.

La Armada Invencible, como también se la conocía, partió de Lisboa en mayo de 1588. Sus 130 o más barcos transportaban 17.000 soldados de infantería y unos 7.000 tripulantes. Además de tener una fe justificada en las considerables fuerzas navales y de invasión, Felipe II también tenía grandes expectativas sobre lo que sucedería en Inglaterra. Una de las esperanzas era que el ejército fuera recibido por católicos ingleses y otros simpatizantes que darían la bienvenida al regreso de la iglesia y ayudarían en el derrocamiento de Isabel I.

El duque de Medina-Sidonia recibió la orden de entrar en el Canal de la Mancha, aplastar cualquier resistencia potencial de la flota inglesa en el camino y unirse al ejército en Flandes. Después de enlazar, la armada escoltaría al ejército del duque de Parma a través del agua y proporcionaría más asistencia durante la invasión. Frente a los españoles se encontraba la flota inglesa en la ciudad portuaria de Plymouth. La flota inglesa era más numerosa en número, pero los españoles confiaban en que sus barcos eran más formidables.

Lo que no tuvieron en cuenta, sin embargo, fue cómo los ingleses utilizarían la ligereza y la velocidad a su favor. Los barcos ingleses no solo podían navegar más rápido, sino que también eran más fáciles de maniobrar. La Armada española fue atacada tan pronto como navegó hacia el Canal de la Mancha, incurriendo en bajas y no infligiendo ninguna a los ingleses. El inexperto comandante español se mostró inflexible cuando ignoró los buenos consejos de sus oficiales para capturar la isla de Wight y consolidar una posición defensiva. En tal escenario, la potencia de fuego naval española podría haber sido capaz de desgastar a los atacantes, pero Medina-Sidona optó por avanzar hacia Flandes como se le había ordenado.

Las pérdidas de la armada no fueron significativas, y conservaron la mayor parte de su fuerza cuando llegaron a Calais. Allí, Medina-Sidona optó por esperar un mensaje de Parma y sus fuerzas en Flandes. La detención resultó fatal, ya que la armada cayó bajo una emboscada nocturna, lo que obligó a la flota a dispersarse, lo que los convirtió en presas fáciles. Sufrieron más bajas en la Batalla de Gravelines, después de la cual el resto de la flota española logró entrar en el Mar del Norte y comenzar a regresar a casa alrededor de Escocia e Irlanda. Fueron perseguidos durante todo el camino, sufriendo pérdidas adicionales.

La mala planificación, la inflexibilidad, los errores de cálculo y las condiciones climáticas jugaron su papel en esta derrota. Los ingleses demostraron ser mejores tácticos en este enfrentamiento, utilizando barcos de fuego por la noche para causar el caos y haciendo un mejor uso de sus cañones navales mientras maniobraban. La armada perdió hasta 20.000 hombres y, con solo unos 60 barcos, logró regresar a España, pero la guerra anglo-española continuó durante años y finalmente no fue concluyente. Siendo el estado más poderoso de Europa en ese entonces, el prestigio de España también se vio afectado debido al desastroso intento de invadir Inglaterra.

Capítulo 3: Las ilusiones de los Maginot y el infierno de Londres

Los errores épicos que cambian el curso de la historia, ya sea en la guerra o en otros asuntos humanos, no siempre son el resultado de la incapacidad de las personas para aprender de la historia. A veces, los intentos genuinos de analizar eventos pasados, extraer lecciones y hacer preparativos futuros basados en las experiencias adquiridas también pueden fracasar.

Uno puede conocer la historia con todo lujo de detalles, pero no entender cómo cambian los tiempos y la falta de flexibilidad en la planificación estratégica puede ser tan fatal como ignorar la historia por completo. El formidable sistema de fortificaciones de Francia, conocido como la línea Maginot, es uno de los principales ejemplos de esto. Por otro lado, el gran incendio de Londres ilustra que una mala planificación y preparación puede hacer que un incidente menor se convierta en una calamidad como la que nadie esperaría.

El fracaso estratégico de la línea Maginot

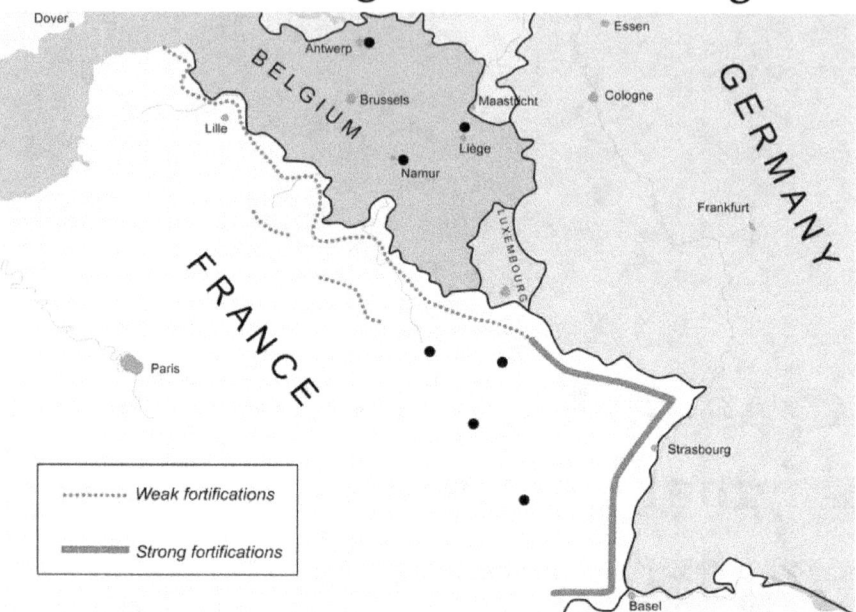

La Línea Maginot es uno de los relatos más famosos de la historia militar[9]

La línea Maginot es uno de los relatos más famosos de la historia militar. Esto se debe en parte a que sucedió hace relativamente poco, pero también a que jugó un papel en la Segunda Guerra Mundial. La influencia de esta guerra que definió una época en la configuración del mundo de hoy ha hecho que sus muchas lecciones sean particularmente importantes y estén grabadas en la memoria de la humanidad. La línea Maginot sigue siendo uno de los episodios más estudiados de la historia militar, especialmente en lo que respecta a las operaciones defensivas.

Un intento de aprender de la historia

Contrariamente a la creencia popular, el intrincado sistema de fortificaciones de Maginot no pretendía ser una barrera inquebrantable que hiciera a Francia impermeable a la guerra. La creencia común es que los franceses construyeron estas defensas con la expectativa de que un ejército alemán atacaría exclusivamente a través de ellas, tratando de cruzar la frontera directamente. La realidad es un poco más complicada que eso, y la planificación estratégica detrás de la línea Maginot fue indudablemente más sofisticada y razonable.

La línea Maginot lleva el nombre de André Maginot, quien se desempeñó como ministro de Guerra de Francia en múltiples ocasiones entre 1929 y 1932. Otra figura clave en el diseño de la línea Maginot fue Paul Painlevé, quien también se desempeñó como ministro de Guerra en 1925 y durante un corto período durante la Primera Guerra Mundial. También ocupó otros cargos importantes, incluido el de primer ministro en 1925.

Estas y otras mentes militares trataron de asegurarse de que Francia pudiera defender su territorio soberano de manera más efectiva en caso de que estallara otra gran guerra con Alemania. Marcado por los horrores de la Gran Guerra, el objetivo principal de Francia era asegurarse de que la próxima guerra no resultara en un estancamiento de la línea del frente en su propio territorio. Aunque el avance alemán en Francia durante la Primera Guerra Mundial se detuvo a unas 43 millas de París al principio de la guerra, la lucha se convirtió en un espantoso ida y vuelta durante gran parte de la duración de la guerra. La mayor parte de los combates del Frente Occidental tuvieron lugar a lo largo de una amplia línea de frente en el noreste y el este de Francia, causando estragos en mucho más que los ejércitos involucrados.

Después de haber perdido 1,4 millones de soldados durante la Primera Guerra Mundial, Francia estaba profundamente asustada por el conflicto, al igual que gran parte de Europa. Además de eso, Francia tenía una considerable experiencia previa con invasiones desde la dirección de Alemania, por lo que la línea Maginot también puede verse como el resultado final de siglos de incursiones militares. A lo largo de este tramo de territorio, Francia apenas podía contar con barreras naturales para complicar las operaciones ofensivas enemigas, por lo que se tomó la decisión de hacer algo al respecto.

En la época en que los estrategas concebían la línea Maginot, prevalecían dos teorías sobre la mejor manera de que Francia se defendiera en una futura guerra, que se consideraba inevitable en el período de entreguerras. La primera propuesta para las nuevas defensas fue defendida por gente como el mariscal Joseph Joffre, un distinguido veterano y comandante general en el Frente Occidental hasta finales de 1916. Su idea era erigir importantes posiciones fortificadas en aquellas áreas consideradas de máximo interés estratégico. Este enfoque combinó puntos de defensa endurecidos con guerra de maniobras, todo dentro de Francia.

El segundo enfoque fue defendido por el mariscal Henri-Philippe Pétain, el vencedor en la masiva batalla de Verdún de 1916. Prefería una larga línea de posiciones fortificadas más pequeñas para proteger un frente amplio y empantanar al enemigo en una guerra de trincheras. El diseño final de la Línea Maginot combinó estas dos propuestas principales, creando una larga línea de fortificaciones que combinaban enormes áreas de fortalezas interconectadas por posiciones defensivas más pequeñas.

Los trabajos de construcción de la línea Maginot comenzaron en 1929 y continuarían a lo largo de la década de 1930, concluyendo justo un año antes de que comenzara oficialmente la Segunda Guerra Mundial en Europa. Este impresionante sistema de defensas se extendía por alrededor de 280 millas y era mucho más que una serie de trincheras y posiciones de tiro. La línea Maginot fue una gran empresa de ingeniería, planificación detallada y tecnología. De hecho, nada en la construcción en sí era anticuado u obsoleto. Fue un proyecto sofisticado que le costó a Francia miles de millones de dólares, ajustados a la inflación.

La línea contaba con grandes fortalezas, sistemas de búnkeres subterráneos, densos campos de minas, emplazamientos de armas y mucho más. Los constructores y planificadores tuvieron en cuenta el fuego masivo y sostenido de artillería y armas químicas, entre otras amenazas que se esperaban de los alemanes. Se utilizaron extensos trabajos de hormigón y alrededor de 55 millones de toneladas de acero para afianzar las fortificaciones hasta casi indestructibles. Cuando se completó la línea Maginot en 1938, inspiró asombro y fue probablemente el sistema de fortificación más sofisticado del mundo.

André Maginot era un veterano de la Gran Guerra, e impulsó las ideas de Joffre y Pétain entre los funcionarios del gobierno francés[10]

28

André Maginot era un veterano de la Gran Guerra, e impulsó las ideas de Joffre y Pétain entre los funcionarios del gobierno francés. Esto fue a pesar de las objeciones de otros estrategas que favorecían un enfoque más moderno. Entre ellos estaban Paul Reynaud y Charles de Gaulle; De Gaulle fue una leyenda de la resistencia francesa en la Segunda Guerra Mundial y el distinguido líder de la Guerra Fría del país. Estos hombres pensaron que los recursos de Francia se gastarían mejor invirtiendo en aviones y vehículos blindados para crear una fuerza moderna capaz de maniobrar y de guerra de armas combinadas. Los alemanes, que se embarcaron en una campaña masiva de militarización bajo el liderazgo nazi en la década de 1930, ya habían adoptado esa misma doctrina.

Viejas estrategias vs. nuevas tácticas

Dado el trabajo, la planificación competente y la ejecución que se llevaron a cabo en la línea Maginot, las fortificaciones en sí mismas eran tecnológicamente sólidas, impresionantes y formidables en todos los sentidos. En cuanto a la obsolescencia de la línea, el punto de debate no fue la ejecución del proyecto de construcción, sino la mentalidad estratégica que había detrás. Más precisamente, lo que los planificadores militares franceses esperaban que hiciera la Línea Maginot era, quizás, cosa del pasado. A pesar de los detractores, entre los que inspeccionaron la línea y quedaron impresionados se encontraba Winston Churchill.

Cuando Alemania atacó a Francia en 1940, la Wehrmacht alemana había adoptado nuevas tácticas y había abrazado por completo la guerra de maniobras. Unidades de infantería altamente mecanizadas debían ser transportadas a la línea del frente, siguiendo de cerca a un puño blindado formado por enormes formaciones de tanques, todo bajo la cobertura de apoyo aéreo. La Blitzkrieg alemana es un tema amplio y ha sido analizado durante décadas, pero uno de sus objetivos era hacer incursiones profundas en territorio enemigo y eludir precisamente el tipo de defensas que Francia había construido con la línea Maginot.

Los planificadores militares franceses tuvieron en cuenta esto hasta cierto punto, particularmente cuando quedó claro que las fortificaciones no se extenderían a lo largo de la frontera francesa con Bélgica. Habiendo declarado su neutralidad en 1936, Bélgica no estaba de acuerdo con la idea de una frontera fortificada con Francia. Basándose en sus duras experiencias de la Primera Guerra Mundial, los belgas creían que las fortificaciones dejarían al pequeño país aislado y abandonado a su suerte. Como resultado, los franceses eran muy conscientes de que era muy probable que los alemanes realizaran una maniobra de flanqueo y avanzaran hacia Francia a través de Bélgica.

La impenetrable línea Maginot redujo así las posibles direcciones de un ataque alemán, obligando al ejército invasor a entrar en un embudo a través de Bélgica. Esto le daría tiempo a Francia para movilizar completamente sus ejércitos y enviarlos a reunirse con los alemanes antes de que pudieran penetrar en territorio francés. Además, a diferencia de la frontera franco-alemana, la ruta a través de Bélgica ofrecía barreras naturales, en particular el enorme bosque de las Ardenas. Se esperaba que el terreno accidentado, los densos bosques y la infraestructura vial pobre y escasa frenaran a los alemanes y ganaran tiempo a Francia.

Desafortunadamente, para los planificadores militares franceses, nada salió según lo planeado. El comandante de las fuerzas de tanques de la Wehrmacht, el teniente general Heinz Guderian, era un veterano de la Segunda Guerra Mundial que luchó precisamente en las Ardenas. Conocía bien el terreno y fue capaz de trazar la ruta de ataque más óptima, que resultó vital en la invasión de 1940. La guerra relámpago alemana se movió más rápido de lo esperado, y sus tácticas de guerra de maniobras demostraron ser muy superiores a las de los aliados.

Las fuerzas que los franceses enviaron al norte para detener a la Wehrmacht pronto fueron superadas y rodeadas, junto con los británicos y otras tropas aliadas. Esto condujo a los famosos acontecimientos de Dunkerque, donde los aliados rodeados pudieron evacuar a través del Canal de la Mancha justo a tiempo para evitar la destrucción total. A medida que los alemanes se adentraban en territorio francés, pudieron atacar la Línea Maginot por detrás, capturando a unos 500.000 prisioneros de guerra.

Francia cayó en seis semanas, a pesar de que la línea Maginot era una impresionante exhibición de obras de fortificación, impermeable al poder aéreo y al bombardeo de artillería saturado. Incluso contaba con comodidades y comodidades diversas para su guarnición de tropas. Proporcionó una falsa sensación de seguridad a Francia en su conjunto y a las tropas que ocupaban sus puestos a lo largo de la línea. En última instancia, el extenso sistema fortificado demostró ser inflexible e indefenso frente a un enemigo dinámico. Tan catastrófico fue el fracaso de la estrategia francesa que la línea Maginot sigue siendo un símbolo popular de falsa seguridad hasta el día de hoy.

Infierno de Londres de 1666

El gran incendio de Londres en 1666 fue un episodio particularmente notable, y ofrece un duro recordatorio de cuántas cosas pueden salir mal en un corto período de tiempo[11]

Mucho antes de la terrible destrucción que sufrió Londres durante el Blitz de la Segunda Guerra Mundial, la ciudad ya había experimentado tribulaciones similares. El gran incendio de Londres en 1666 fue un episodio particularmente notable, y ofrece un duro recordatorio de cuántas cosas pueden salir mal en un corto período de tiempo. El incendio también demostró cómo la mala gestión, la lentitud de la respuesta y el pánico pueden hacer que las cosas pasen de mal a catastróficas en un solo día.

La ley de Murphy en acción

El gran incendio de 1666 no fue solo una catástrofe que surgió de repente y destrozó la existencia despreocupada de los londinenses del siglo XVII. Fue un giro particularmente triste del destino que infligió un golpe adicional a una ciudad que ya había estado luchando. De hecho, Londres pasó por un importante brote de peste bubónica entre 1665 y 1666, el último brote significativo de la plaga recurrente que había comenzado en Europa siglos antes. Durante esta breve epidemia, Londres perdió alrededor del 25% de su población, unas 100.000 víctimas de otra descendencia de la peste negra del siglo XIV. A pesar

---

31

de que palideció en comparación con los días de pesadilla de la peste negra en 1346-1353, el brote fue lo suficientemente devastador como para ser recordado como la gran plaga de Londres.

Los historiadores coinciden en gran medida en que la peste disminuyó antes del incendio a principios de septiembre de 1666. Muy pocos londinenses debieron esperar que, justo cuando su ciudad comenzaba a recuperarse de la gran plaga, estallaría un gran incendio y patearía cruelmente la ciudad mientras aún estaba en decadencia. El análisis histórico muestra, sin embargo, que un gran incendio era probablemente solo cuestión de tiempo en el Londres del siglo XVII. Las condiciones estaban establecidas, con muchas cosas que simplemente pedían salir mal, y todo lo que quedaba era que la ley de Murphy entrara en acción.

Por un lado, la planificación urbana de Londres era muy antigua, y el corazón de la ciudad se construyó en torno a un núcleo que se originó en la Edad Media. El plan obsoleto de la ciudad no era adecuado para albergar a la creciente población de la capital, y esto fue un problema incluso después de que la plaga causara estragos. Las autoridades de la ciudad trataron de abordar algunos riesgos de incendio, como prohibir el uso de madera y paja para construir edificios y colocar techos. Sin embargo, las nuevas reglas apenas se aplicaron, ya que la población creció rápidamente y esos materiales baratos estaban más disponibles que el ladrillo y la piedra. Estos últimos, materiales más ignífugos, se encontraban principalmente en el centro de la ciudad, y se utilizaban para construir las casas más grandes y lujosas de las élites adineradas y los comerciantes. Todo alrededor de este pequeño centro de la ciudad estaba superpoblado, construido de madera y densamente apilado.

El rey Carlos II intentó varias veces que el gobierno local evitara que los riesgos de incendio empeoraran, si no eliminaran, los existentes. En una práctica que era un peligro de incendio bien conocido en ese momento, las casas a lo largo de calles estrechas y callejones presentaban segundos pisos sobresalientes que a veces se extendían lo suficiente como para casi tocarse entre sí por encima de las calles. En 1665, el rey intentó que los funcionarios locales de la ciudad arrestaran a las personas que habían continuado con estas prácticas al construir nuevas estructuras, pero fue en vano.

Estos y otros problemas en la planificación de Londres facilitaron que un incendio comenzara y se propagara, pero algunos factores dificultaron los esfuerzos de extinción y evacuación. La antigua muralla romana, por ejemplo, rodeaba la ciudad medieval de Londres, dejando ocho puertas estrechas como únicas vías de escape. El problema número uno para los posibles bomberos era la estrechez de las calles. Además de esto, las calles y callejones estaban abarrotados de carretas, carretas, puestos y miles de personas. El pánico que estallaría con un gran incendio empeoraría infinitamente este problema.

Los incendios en la ciudad se habían vuelto bastante comunes en 1666, pero los incidentes recurrentes siempre terminaban con una supresión exitosa. Los métodos de extinción de incendios de la época se basaban en un sistema de alrededor de 1.000 hombres en turnos nocturnos de vigilancia de incendios, que alertaban a una iglesia local si estallaba un incendio en cualquier casa o edificio. Luego, la iglesia usaría campanas para reunir a un grupo de voluntarios locales para sofocar el fuego. El agua, las demoliciones estratégicas y una variedad de herramientas eran los elementos básicos del sistema de extinción de incendios de Londres, y el sistema generalmente funcionaba.

El propósito de las demoliciones era crear cortafuegos nivelando el edificio en llamas o, si era necesario, los edificios en el camino del fuego. Por lo general, esto se hacía con herramientas como los llamados ganchos de fuego, otras herramientas manuales e incluso pólvora. Por lo general, el equipo se almacenaba en las iglesias y estaba fácilmente disponible. En general, la amplia experiencia de Londres con incendios produjo un sistema de extinción de incendios intrincado y bastante sofisticado, pero los procedimientos resultarían insuficientes cuando se enfrentaran a un liderazgo deficiente.

El fuego del siglo

La catástrofe comenzó como un incidente menor el 2 de septiembre cuando una panadería en Pudding Lane se incendió durante la noche. El fuego comenzó a propagarse con bastante rapidez, y un grupo de bomberos de la parroquia local se reunió en una hora. A medida que el edificio fue tragado por las llamas, los socorristas determinaron que lo mejor sería comenzar las demoliciones planificadas alrededor del edificio en llamas. Los lugareños protestaron, y la última palabra para comenzar tuvo que ser dada por el alcalde Sir Thomas Bloodworth.

Cuando Bloodworth llegó a la escena, los edificios circundantes ya estaban en llamas, y el fuego amenazaba con extenderse hacia los almacenes, llenos de cantidades incalculables de materiales inflamables.

Ya sea por pánico, complacencia o simple incompetencia, la reacción histórica de Bloodworth fue un simple comentario: "Una mujer podría mearse". Esta fue una respuesta bastante directa a los bomberos experimentados en el lugar, quienes imploraron al alcalde que comenzara las demoliciones.

Las condiciones secas después de semanas sin lluvia hicieron que las estrechas estructuras de madera fueran presas fáciles para el fuego, ahora exacerbado por los fuertes vientos. Cientos de casas fueron consumidas y comenzaron a derrumbarse en poco tiempo, y los bomberos seguían limitados a usar cubos de agua para combatir el infierno emergente. Acompañando a la escalada del incendio hubo un estallido de pánico, lo que llevó a miles de personas a correr hacia el río en un intento de evacuar en bote. Para empeorar las cosas, los espectadores de la campiña alrededor de Londres comenzaron a llegar para observar el caos que se desarrollaba.

Las demoliciones para apagar el fuego solo comenzaron cuando el rey Carlos II fue informado de lo que estaba sucediendo. Desafortunadamente, la orden llegó demasiado tarde, y los grupos de bomberos con las herramientas habituales no pudieron demoler las estructuras lo suficientemente rápido. La mitad de la ciudad quedó en llamas en dos días, con miles de personas movilizadas para el esfuerzo de extinción de incendios, incluido el propio rey. A medida que los bomberos comenzaron a usar pólvora para acelerar las demoliciones, comenzaron a difundirse rumores alimentados por el pánico de que los franceses estaban invadiendo.

Aunque rápidamente quedó claro que no se estaba llevando a cabo ninguna invasión, los lugareños comenzaron a ver a extranjeros sospechosos participando en sabotajes en cada esquina. No importaba que esto no estuviera sucediendo, ya que la semilla del miedo había sido plantada hace mucho tiempo. La paranoia estalló en el contexto de la segunda guerra anglo-holandesa en curso, y no pasó mucho tiempo antes de que turbas de londinenses enfurecidos comenzaran a atacar a los inmigrantes franceses y holandeses. Después de cuatro días de convertir la ciudad en ruinas, el gran ncendio fue controlado y extinguido en su mayor parte el 6 de septiembre.

El gran incendio de Londres fue el incendio más destructivo en la historia de Londres. La feroz tormenta de fuego arrasó la ciudad medieval de Londres y arrasó la capital con un rastro de desolación a su paso. El costo humano del incendio ha sido objeto de algunas discusiones y especulaciones. Historiadores como Stephen Porter y Adrian Tinniswood argumentaron que el incendio mató directamente a menos de 10 personas. Las descripciones del incendio y su magnitud, como relataron Samuel Pepys y John Evelyn, han hecho que tales creencias sean algo controvertidas. El historiador Neil Hanson, por ejemplo, no estuvo de acuerdo con las bajas estimaciones de víctimas y consideró que las muertes causadas indirectamente por el incendio también deberían contarse.

Cualquiera que fuera el verdadero número de almas que perecieron, las consecuencias del gran incendio fueron enormes y de largo alcance. La catedral de san Pablo fue completamente destruida, junto con 89 iglesias y una parte significativa de las viviendas de Londres, dejando a cientos de miles de personas sin hogar. Sin embargo, algunas cosas buenas salieron del desastre, ya que la ciudad tuvo la oportunidad de reconstruirse de una manera más organizada y a prueba de incendios bajo la guía de sir Christopher Wren. Londres renació en las décadas posteriores al incendio, sentando las bases de la ciudad que es hoy.

Capítulo 4: la tercera defenestración de Praga y la Cruzada de los Niños

Cuando se trata de comprender el fenómeno humano de la guerra, las dos áreas de enfoque más frecuentes son sus causas y sus horrores. Lo extraño de la forma en que se desencadenan las guerras es que casi nunca es obra de un solo factor. De hecho, las guerras suelen ser el resultado de una secuencia de acontecimientos que pueden extenderse a lo largo de décadas o incluso siglos, pero a menudo hay un acontecimiento singular claramente identificable que sirve como chispa inicial que pone en marcha las ruedas de la destrucción. Entre las muchas guerras horribles de Europa, la guerra de los Treinta Años se destaca como un episodio particularmente horrendo. En medio de toda la intolerancia religiosa y el fervor que condujeron a esta catastrófica guerra europea, la Defenestración de Praga de 1618 a menudo se identifica como el desencadenante.

En cuanto a los horrores que la guerra inflige a la humanidad, una de las manifestaciones más llamativas de este gran mal tiene que ser la utilización de los niños. Si bien este tema sigue siendo deprimentemente relevante en el mundo moderno, no es un fenómeno reciente. Un caso de estudio particularmente interesante de este síntoma de guerra en Europa fue la llamada Cruzada de los Niños, que tuvo lugar en el siglo

XIII. El factor amenazante de la religión y su importancia en la historia europea es un hilo que une las dos historias siguientes.

Las semillas de una catástrofe europea

La defenestración es un término que define el acto de arrojar a alguien por una ventana, y no tiene nada de figurativo o ambiguo[12]

La defenestración es un término que define el acto de arrojar a alguien por una ventana, y no tiene nada de figurativo o ambiguo. El primer uso registrado del término fue en 1619, describiendo un evento escandaloso que ocurrió en Praga en 1618. Esa defenestración en particular fue un episodio violento en el que dos gobernadores reales católicos y su secretario fueron arrojados por una de las ventanas del castillo de Hradčany en Praga.

El reino de Bohemia, que fue el predecesor de la actual República Checa, era en ese momento parte del Sacro Imperio Romano Germánico. Este estado inconexo y vagamente confederado representaba gran parte de Europa Central y Occidental. En el siglo XVII, estas tierras se vieron envueltas en conflictos y tensiones provocadas por la turbulencia religiosa a raíz de la Reforma protestante. A partir del siglo XVI, la Reforma sacudió el orden existente en Europa hasta sus cimientos, especialmente en lo que respecta a la Iglesia católica y su control sobre los asuntos espirituales de Europa Central y Occidental.

Las defenestraciones de Praga

Aunque el incidente de 1618 en Bohemia fue el primero en ser referido como una defenestración, no fue el primer incidente de este tipo en Praga. De hecho, hubo tres, ocurriendo en 1419, 1483 y 1618. Eso no quiere decir que la defenestración de personas fuera un hecho raro en algún momento de la historia europea o mundial. Las personas que son arrojadas por las ventanas, ya sea por turbas enfurecidas o por órdenes gubernamentales, era y sigue siendo un pasatiempo humano relativamente común.

Lo que distingue a las tres defenestraciones de Praga es que todas eran gubernamentales y lo suficientemente importantes como para ser incluidas en los registros históricos. La defenestración de 1483 fue la menos significativa históricamente del grupo, mientras que la primera y la tercera son recordadas como catalizadores de prolongados conflictos religiosos en Bohemia y más allá. El incidente de 1419 condujo a las guerras husitas, también conocidas como las guerras de Bohemia. El escándalo de 1618 produjo tanta indignación y reacción política internacional que dio lugar a uno de los desmanes más horrendos y motivados por la religión en la historia europea.

En el período previo a la tercera defenestración, Bohemia atravesaba una fase de rebeldía marcada por diversas disputas con la dinastía gobernante de los Habsburgo. Los cimientos de esta prolongada fricción fueron en su mayoría religiosos. Justo un año antes de la defenestración, los funcionarios católicos a cargo de Bohemia comenzaron a tomar medidas enérgicas contra los proyectos de construcción protestantes locales. En un episodio particularmente controvertido, a los protestantes de Broumov y Hrob se les impidió construir capillas.

El cierre de estos sitios de construcción fue una violación de los acuerdos existentes que habían mantenido la paz desde 1609. Los primeros días del dominio católico de los Habsburgo en Bohemia, que comenzaron en 1526, dependieron de un delicado equilibrio entre el catolicismo del estado y el protestantismo generalizado de la población local. Los Habsburgo trataron de mantener la paz no obligando a sus súbditos a convertirse. En ese sentido, el emperador del Sacro Imperio Romano Germánico, Rodolfo II, que también se desempeñaba como rey de Bohemia, otorgó a los protestantes aún más libertades en 1609. Estos derechos fueron consagrados en la *Carta de Majestad,* que fue el intento de Rodolfo II de solidificar su dominio sobre Bohemia dando concesiones al pueblo frente a la creciente competencia de otros Habsburgo, en particular su hermano, Matías.

Matías sucedió a Rodolfo II como gobernante de Bohemia en 1612, pero decidió continuar con las políticas de su hermano hacia los protestantes. Los decretos de Rodolfo permitían a los estamentos bohemios o a los funcionarios y nobles locales practicar abiertamente su protestantismo. En ese momento, Bohemia prácticamente tenía su propia iglesia estatal protestante. Matías continuó expandiendo estas libertades religiosas, pero estaba envejeciendo y no gobernaría por mucho tiempo más. Matías fue sucedido por su primo, Fernando de Estiria, en 1617. Fernando, un católico devoto y ferviente oponente de la Reforma, gradualmente comenzó a bajar el martillo sobre el protestantismo en Bohemia.

La tercera defenestración y sus consecuencias

Conde Thurn[13]

39

Cuando los estados protestantes de Bohemia protestaron por el cese de la construcción de sus capillas, Fernando abolió su asamblea. Una delegación de representantes católicos llegó a Praga para una reunión en la mañana del 23 de mayo de 1618. Liderados por el conde Thurn, los miembros de la asamblea abolida buscaron respuestas de los cuatro regentes católicos. Lo principal que les preocupaba era si los regentes habían participado personalmente en las decisiones antiprotestantes del emperador. Los herederos habían compilado previamente una carta que leyeron durante la reunión. En la carta, enfatizaron que no tenían intención de cumplir y que estaban preparados para hacer frente a las decisiones del emperador, incluso si les costaba su salud y su vida. Hicieron referencia a la carta imperial que se envió a los señores regentes católicos, preguntando si alguno de los regentes presentes estaba al tanto de ella o había contribuido a ella de alguna manera.

Los regentes pidieron que se les excusara por el momento para volver a consultar a sus superiores, después de lo cual responderían por correo. Su solicitud fue rechazada. Los señores protestantes permitieron entonces la salida de dos regentes, Matthew Leopold Popel Lobkowitz y Adam II von Sternberg. Los protestantes supusieron que estos dos hombres no tenían nada que ver con el orden imperial y los excusaron debido a un nivel de respeto religioso mutuo. Al conde Vilem Slavata de Chlumu y a Jaroslav Bořita de Martinice, junto con su secretario, Philip Fabricius, se les dijo que se quedaran. Los dos condes restantes eran bien conocidos por su acérrimo catolicismo.

Los dos regentes confesaron entonces haber participado en la carta y haber violado los acuerdos de la Carta de Majestad, y sin arrepentirse. Los condes católicos no dudaron en hacer su declaración porque suponían que simplemente serían arrestados y probablemente liberados posteriormente. Esto, sin embargo, fue una gran mala interpretación del estado de ánimo prevaleciente entre los protestantes.

El conde Thurn se enfrentó entonces a los regentes católicos y les dijo, como si proclamara una sentencia, que eran enemigos del pueblo y la religión de Bohemia y una plaga para los súbditos protestantes de la corona. Luego se dirigió a una multitud protestante que se estaba reuniendo, proclamando que los tres representantes imperiales tenían que ser asesinados en nombre de la justicia y para preservar la fe protestante y sus derechos en Bohemia. Luego, los protestantes arrojaron a los tres hombres por la ventana de un tercer piso.

En un giro milagrosamente cómico del destino, este acto resultó ser un doble error. Las tres víctimas sobrevivieron al caer 21 metros a la calle. En la subsiguiente tormenta de controversia en toda la HRE y más allá, los católicos interpretaron esto como una intervención divina, argumentando que los regentes y sus secretarios fueron salvados por ángeles o por la misma Virgen María. Los protestantes argumentaron el punto, sugiriendo en cambio que se salvaron al caer sobre un montón de estiércol.

Desafortunadamente, las cosas no terminarían con un acalorado pero humorístico choque de interpretaciones del evento. En cambio, protestantes y católicos comenzaron a movilizarse para una gran guerra. Fernando de Estiria fue coronado emperador del Sacro Imperio Romano Germánico como Fernando II en 1619, cuando la guerra de los Treinta Años ya había estallado en ese momento. Los estados de Bohemia anularon su dominio de Bohemia y nombraron al calvinista Federico V como su reemplazo. En última instancia, se trató de una acción ilegal, lo que significaba que los protestantes bohemios no podían esperar apoyo internacional. En la primera gran batalla bélica en White Mountain en 1620, los protestantes fueron derrotados y se restauró el dominio católico de Fernando sobre el reino de Bohemia.

Las represalias fueron brutales, incluyendo el saqueo de Praga y la espantosa tortura pública y ejecución de nobles y ciudadanos bohemios de la ciudad. Las cabezas de los muertos eran colgadas en ganchos para ser exhibidas como una advertencia ominosa. Este fue uno de los primeros episodios de una guerra que asoló el continente hasta 1648. A través de la destrucción gratuita, innumerables batallas y devastadores brotes de enfermedades en el campo devastado, Europa perdería hasta 8.000.000 de personas en la guerra. Esto sería un costo insondable incluso en proporción a las cifras de población mucho más altas de hoy, pero en el siglo XVII, la guerra fue catastrófica.

Cruzada de los Niños

Existe la idea errónea de que las guerras en la Edad Media fueron principalmente los esfuerzos de la nobleza, con los campesinos y otras clases bajas sirviendo como participantes involuntarios que nunca tuvieron otra opción. El reclutamiento forzoso ciertamente ha existido durante tanto tiempo como la guerra organizada, pero la historia de la guerra medieval no es tan simple. En realidad, muchas de las guerras que se libraron entonces, al igual que en los últimos tiempos, han gozado de un amplio apoyo popular, con poblaciones enteras participando voluntariamente y ofreciéndose como voluntarias para la batalla.

Cuando se trata del fenómeno profundamente inquietante de los niños soldados, la coerción es aún más común y reprobable. Sin embargo, la historia todavía ha mostrado muchos ejemplos de niños que se unen voluntariamente al esfuerzo de guerra, aunque es mucho más difícil hablar de consentimiento cuando se trata de niños pequeños. La llamada Cruzada de los Niños, que probablemente tuvo lugar en 1212, es un ejemplo de cómo la fiebre de la guerra y los sueños equivocados de gloria pueden infectar las mentes de los jóvenes y llevarlos a aventuras insensatas que terminan en tragedia.

Un producto del espíritu de la época

La historia de la Cruzada de los Niños es en parte historia y en parte leyenda, principalmente porque muchos de los hechos que rodean el evento han sido difíciles de determinar[14]

42

La historia de la Cruzada de los Niños es en parte historia y en parte leyenda, principalmente porque muchos de los hechos que rodean el evento han sido difíciles de determinar. Este intento de campaña fue una cruzada popular, lo que significó que la Iglesia católica no la sancionó oficialmente. Fue una de varias cruzadas de este tipo, organizadas por gente común, generalmente campesinos, inspirados por el entusiasmo popular por las cruzadas en Tierra Santa. Sin autorización de la Iglesia, estas cruzadas fueron esencialmente turbas organizadas que surgieron varias veces entre los siglos XI y XVI. Desde una perspectiva histórica, tales intentos ilustran la popularidad de las cruzadas entre las clases bajas de toda Europa.

Dos niños idearon la Cruzada de los Niños de 1212, Esteban de Cloyes de Francia y Nicolás de Colonia de Alemania. Nicolás de Colonia era ciertamente muy joven, pero se desconoce su edad exacta. Lo más probable es que Esteban de Cloyes solo tuviera 12 años. Según la narrativa tradicional, los niños inspiraron a miles de personas a seguir su ejemplo, y algunas estimaciones han situado el número de reclutas en alrededor de 20.000. Muchos eran niños como Stephen y Nicholas, pero el improvisado ejército de campesinos también incluía adolescentes y adultos.

El sueño era muy simple, aunque increíblemente ambicioso. Los muchachos y su autoproclamado ejército de cruzados esperaban hacer un mejor trabajo que los cruzados profesionales, tal vez contando con su fervor y devoción sin paliativos a la cristiandad. El objetivo final era capturar Jerusalén y restaurar el dominio cristiano sobre Tierra Santa. Desafortunadamente, para los jóvenes aspirantes a cruzados, la falta de una sanción papal oficial significaba que no se asignarían recursos ni dinero para apoyar su campaña y sus nobles objetivos.

Este extraño movimiento surgió en el contexto de una serie de derrotas cristianas, particularmente en la Tercera y Cuarta Cruzadas, que ocurrieron a finales del siglo XII y principios del XIII. Jerusalén cayó en manos de las fuerzas musulmanas de Saladino en 1187, y esta reconquista de Tierra Santa por las fuerzas del Islam conmocionó a todo el mundo cristiano. El desastre inspiró un deseo generalizado en toda Europa de expulsar a los ejércitos musulmanes de Tierra Santa, lo que precipitó la Tercera Cruzada.

La Tercera Cruzada, que comenzó en 1189, fue una campaña militar organizada que se dirigió a Tierra Santa, pero finalmente se empantanó y fue derrotada antes de llegar a Jerusalén. La Cuarta Cruzada, que comenzó en 1202, fue una vergüenza aún peor para los ejércitos de la cristiandad. En su camino hacia Tierra Santa, los cruzados tomaron un desvío hacia los Balcanes, saqueando Constantinopla y luchando con varias otras potencias cristianas en la región.

Todas estas derrotas sin duda habrían desmoralizado a muchas personas en toda Europa, pero para muchos, solo agregaron combustible a las llamas. En toda Europa, el sueño de restaurar la cruz sobre Jerusalén continuó siendo fuerte, y fue especialmente poderoso en las mentes jóvenes e impresionables, como suele ser el caso con los sueños de gloria en la guerra. Muchos europeos se sintieron frustrados con los fracasos de los cruzados y comenzaron a dudar de la competencia e incluso de la motivación de las monarquías europeas para llevar a cabo esta sagrada tarea. Sin embargo, no era solo un sentimiento religioso, ya que muchos de los campesinos europeos habían invertido impuestos y recursos, ya sea voluntariamente o por ley, en las Cruzadas. La gente quería un retorno de sus inversiones materiales y espirituales, tanto que algunos comenzaron a pensar que debían tomar el asunto en sus propias manos.

Una aventura que nunca tuvo lugar

Probablemente así fue como dos muchachos en 1212 tuvieron la brillante idea de vengar a toda la cristiandad con su propio sudor y sangre. Todo comenzó en la primavera de ese año, una época extraña en la región francesa de Vendôme. Los niños comenzaron a difundir rumores de que algunos niños locales estaban recibiendo visiones divinas que les decían que se embarcaran en una gran cruzada para vengar a Jerusalén. Esteban se convirtió en el cabecilla, aunque no era más que un humilde pastor. La narración legendaria tradicional sostiene que Esteban habló personalmente con el rey Felipe II de Francia, contándole de una carta que había recibido de Jesucristo. La supuesta carta no instruía específicamente al niño a ir a una guerra de conquista, pero le decía que predicara la causa y construyera seguidores. Como era de esperar, el rey se encogió de hombros ante tales afirmaciones descabelladas y envió al niño a casa.

Al mismo tiempo, un fenómeno similar ocurrió en Alemania, con Nicolás de Colonia amasando sus propios seguidores basados en afirmaciones similares. Las fuentes medievales no aclaran si estos dos niños estaban en contacto o incluso se conocían en ese momento, pero dado el clima sociopolítico y religioso de la época, es posible que ambos movimientos surgieran espontáneamente. A medida que los vigilantes movilizaban a sus simpatizantes, tampoco se sabe si emprendieron el viaje juntos o si se unieron en algún momento después de atravesar Alemania y Francia.

El objetivo de los cruzados era marchar hacia Italia y llegar a Génova, donde el grueso de sus "fuerzas" podría abordar barcos y zarpar hacia el Levante. También es posible que algunos grupos más pequeños se hayan escindido, tratando de forjar sus propios caminos hacia otros puertos en Italia y Francia. Esta larga marcha rápidamente se volvió agotadora para todos estos niños desafortunados e imaginativos y cualquier adulto potencial que pudiera haber ido con ellos. Sin apoyo oficial para proporcionar logística y suministros, los pequeños cruzados tuvieron que improvisar y depender de donaciones o caridad a medida que avanzaban. Tan pronto como los niños intentaron cruzar los Alpes, el desastre comenzó a golpear por todos lados, causando que muchos de ellos murieran de hambre o colapsaran de agotamiento. Muchos aventureros se desilusionaron con toda la empresa y abandonaron el grupo.

Aquellos que persistieron finalmente lograron llegar a Génova, pero sus sueños de una gloriosa cruzada se hicieron añicos cuando resultó que no podían pagar el transporte al Levante. Los lugareños tampoco fueron particularmente comprensivos o serviciales. Algunos de los escritos medievales sugieren que los niños cruzados podrían haber esperado que Dios dividiera el Mediterráneo y despejara el camino como lo hizo para Moisés en el mar Rojo, pero no ocurrieron milagros ese día.

Varias versiones de la historia difieren en cuanto a lo que sucedió después de eso, con una historia que afirma que a los niños se les concedió una audiencia con el papa, quien simplemente les dijo que se fueran a casa. Una narrativa mucho más oscura dice que la chusma de niños cruzados que intentaron cruzarse pronto se rompió, y los niños fueron enviados a varias tierras y vendidos como esclavos. Por supuesto, no hay pruebas contundentes que demuestren o refuten este relato. Hoy en día, se ha sugerido que el trágico final de la historia fue fabricado por la Iglesia y diseminado a propósito por toda Europa como un cuento con moraleja para otros jóvenes temerarios que podrían tener ideas similares. Esta desafortunada turba de jóvenes buscadores de emociones medievales, sin equipo, armas o sanción oficial, se disolvió bajo las olas de la historia, sin acercarse nunca a Tierra Santa.

Capítulo 5: La paz defectuosa de Versalles y el viaje condenado de Vasa

Las ideas e intentos más esperanzadores de la humanidad a menudo pueden estrellarse y quemarse o conducir a resultados completamente opuestos a lo que se esperaba. Esto puede ser cierto en todos los asuntos humanos, incluyendo la política, las relaciones internacionales, la construcción del Estado y la ingeniería. Las cosas pueden tomar giros y vueltas imprevistos y voltear todas las expectativas al revés debido a errores que son difíciles de identificar hasta después de que ocurre un desastre.

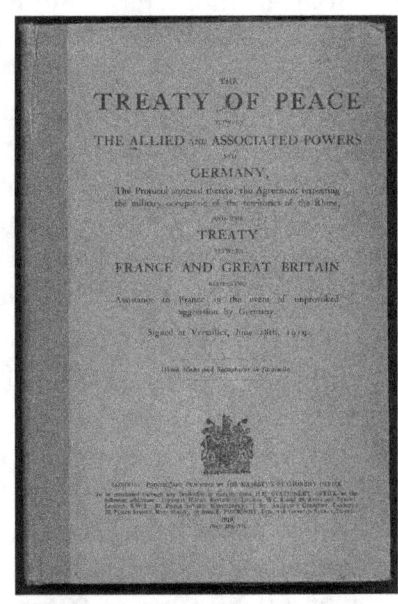

El Tratado de Versalles se considera hoy en día como un caso de estudio de la importancia de construir la paz sobre bases sólidas[15]

El Tratado de Versalles se considera hoy en día como un caso de estudio de la importancia de construir la paz sobre bases sólidas. Las interpretaciones de su papel histórico difieren, por supuesto, pero muchos lo ven como un error geopolítico de proporciones épicas. La ironía de que la paz conduzca a la guerra es un pensamiento bastante extraño, pero sin duda es una forma justa de analizar los asuntos europeos después de la Primera Guerra Mundial. Puede ser igualmente absurdo sugerir que un barco cuidadosamente diseñado, aclamado como la última palabra en ingeniería marítima, puede hundirse a los 20 minutos de ser botado, pero eso es lo que sucedió con *el Vasa*. Los logros de la humanidad son muchos, pero muchas historias le recuerdan al mundo que, como dice el viejo adagio, el hombre planea mientras Dios ríe.

Un tratado de paz mal hecho

Después de que las armas finalmente silenciaron el 11 de noviembre de 1918, Europa fue un paisaje espantoso de ruinas y cementerios. La paz reinaba en los campos de batalla, pero todo el continente estaba traumatizado colectivamente a pesar del alivio. El militarismo entusiasta con el que la mayoría de las potencias europeas entraron en guerra en 1914 había desaparecido por completo, y la única preocupación del pueblo a raíz de este conflicto apocalíptico era cómo no volver a hacerlo.

En algún momento en el curso de la Gran Guerra, la gravedad y la escala de la carnicería de Europa deben haberse hundido porque muchos europeos durante ese tiempo se refirieron al conflicto como "la guerra para poner fin a todas las guerras". Incluso antes del alto el fuego, los europeos apenas podían concebir la idea de que un desastre sangriento tan espantoso pudiera volver a ocurrir en el continente. Era simplemente impensable que una destrucción y un sufrimiento humano sin precedentes pudieran dejar de enseñar una valiosa lección, pero eso es exactamente lo que sucedería.

Un intento de liberación de Europa de la guerra

La Primera Guerra Mundial concluyó con el ampliamente celebrado Armisticio del 11 de noviembre de 1918, que sentó las bases para futuras negociaciones y acuerdos sobre el orden de posguerra en Europa. Con este armisticio se aseguró en cierto modo una paz largamente esperada, pero quedaba mucho trabajo por hacer para garantizar que Europa pudiera construir una paz duradera. Este prolongado proceso se conoce como la Conferencia de Paz de París, que comenzó a principios de 1919 y duró hasta el año siguiente, con negociaciones y reuniones adicionales que tuvieron lugar hasta julio de 1923.

Aunque la guerra fue generalmente un agotador punto muerto en el frente occidental con ocasionales idas y venidas, Alemania y las Potencias Centrales finalmente perdieron. Gran parte de los combates ocurrieron a lo largo de una línea del frente dentro del territorio francés, y a menudo parecía que Alemania tenía la ventaja. Sin embargo, con el agotamiento general y la entrada de los Estados Unidos en la guerra en 1917, la escritura estaba en la pared en 1918. La consecuencia más inmediata y visible de los procesos de paz subsiguientes fue la disolución de muchas de las principales potencias europeas. Rusia ya se había sumido en la revolución y la guerra interna en 1917. Los siguientes en la lista fueron el Imperio otomano, Austria-Hungría y el Imperio alemán.

Alemania se vio especialmente afectada por la derrota. En 1914, el territorio de Alemania en Europa se extendía mucho más al este de sus fronteras actuales, incluyendo una gran parte de la actual Polonia y más allá. Alemania también tenía muchas posesiones coloniales en África, Asia Oriental y Nueva Guinea. Estos territorios de ultramar se repartieron rápidamente entre los aliados occidentales para sus propios imperios coloniales, pero la Alemania europea también estaba sujeta a concesiones territoriales.

Es digno de mención que las élites alemanas en 1914 estaban tan ansiosas por la guerra contra sus adversarios europeos, especialmente Francia, debido a la expansión colonial comparativamente infructuosa de Alemania. A lo largo del siglo XIX y principios del XX, los alemanes albergaron un resentimiento crónico contra las principales potencias coloniales occidentales porque se sentían marginados y reducidos a una expansión menor, mientras que los británicos y los franceses dominaban vastos dominios coloniales en todo el mundo. Al comienzo de la Primera Guerra Mundial, que fue una época de nacionalismo generalizado en Europa, los líderes alemanes y una gran parte de la población estaban de acuerdo.

La guerra fue una forma de que Alemania tomara su "lugar bajo el sol", como lo describió el ministro de Relaciones Exteriores Bernhard von Bülow. El conflicto se precipitó por numerosas y complejas causas, entre las que se encontraban el asesinato de Sarajevo y el imperialismo desenfrenado y la militarización de todas las principales potencias europeas. Aun así, las propias ambiciones insatisfechas de Alemania fueron un factor importante en la lógica alemana detrás de la guerra. Como resultado, la incautación de los activos coloniales alemanes, según el artículo 119 del Tratado de Versalles, fue una bofetada en la cara de

Alemania, pero eso fue solo un edulcorante.

Sueños de paz destrozados

En los días previos al Armisticio estalló en Alemania una revolución comunista, o más bien su primera fase, que duró entre el 29 de octubre y el 9 de noviembre. La inminente derrota en la guerra, las innumerables bajas y el deterioro de la situación económica culminaron con un levantamiento que abolió efectivamente el Imperio alemán. El káiser Guillermo II abdicó poco después, y Alemania fue reconstituida como la República de Weimar en el verano de 1918.

Este nuevo estado democrático tuvo que lidiar con la devastación total del país y tratar de reconstruir Alemania desde cero. Sin embargo, las estipulaciones del Tratado de Versalles hicieron que esa difícil tarea fuera aún más difícil. Uno de los aspectos más controvertidos del tratado fueron las enormes reparaciones que Alemania se vio obligada a pagar a los aliados, en particular a Francia. Alemania fue esencialmente etiquetada como el único agresor e instigador de la guerra, teniendo que pagar los daños que vinieron como consecuencia. Las reparaciones tuvieron que pagarse en oro, barcos y otras formas, ascendiendo a alrededor de 269.000 millones de dólares en valor actual.

Además de tener que renunciar a valiosos territorios europeos, Alemania también estaba obligada a abolir el servicio militar obligatorio y mantener un ejército de no más de 100.000 hombres. También se les prohibió adquirir vehículos blindados, aviones militares o submarinos. A la República de Weimar se le permitió operar un máximo de seis acorazados en su armada. Durante la Conferencia de Paz de París, el presidente de los Estados Unidos, Woodrow Wilson, presentó sus famosos Catorce Puntos para garantizar una paz larga y justa en Europa, pero los aliados europeos querían una compensación. También querían asegurar una paz duradera, no mediante la reconciliación, sino asegurándose de que Alemania no tuviera capacidad para luchar.

El presidente Woodrow Wilson presentó sus famosos 14 puntos[16]

Las armas modernas de la Primera Guerra Mundial, que incluían productos químicos, hicieron de este conflicto la guerra más destructiva de la historia hasta ese momento. Proporcionalmente hablando, las tasas de bajas no eran desconocidas, pero la potencia de fuego disponible para las partes beligerantes y la velocidad a la que morían masas de personas en una insoportable guerra de trincheras no tenían precedentes. El armisticio y los procesos de paz a partir de 1918 detuvieron la guerra, pero el hecho de que en última instancia fuera una paz chapucera constituye sin duda uno de los fracasos más deprimentes de la historia europea y humana.

Estas condiciones humillantes pusieron las semillas del resentimiento en Alemania desde el principio. La población descontenta y los líderes políticos detestaban a los Aliados y sus condiciones, pero también rápidamente comenzaron a dirigir su desprecio a aquellos que aceptaban tales términos y a la República de Weimar en su conjunto. Para muchos alemanes, la república humillada y disfuncional se sentía como poco más que una cámara de contención impuesta por los enemigos de Alemania.

En el escenario mundial, el tratado también condujo al Pacto de la Sociedad de Naciones, una creación de Woodrow Wilson y otros líderes de ideas afines. Este fue el primer intento fallido de la humanidad de crear un sistema internacional de responsabilidad y orden, que surgiría nuevamente como las Naciones Unidas después de la Segunda Guerra Mundial. Alemania se unió a la Liga en 1926 y seguiría siendo miembro hasta el ascenso de Adolf Hitler en 1933.

A finales de la década de 1920, llegó la gran depresión. Esta fue la gota que colmó el vaso para muchos alemanes en la difícil e inestable República de Weimar. Las calles estaban inundadas de protestas, activistas de todos los credos y peleas entre comunistas, monárquicos y, cada vez más, un nuevo movimiento bajo Adolf Hitler. En estos años tumultuosos en la Alemania derrotada, mucha gente ciertamente creía en un futuro democrático, pero la República de Weimar simplemente no estaba dando resultados. Mucho más descontentos estaban los millones de orgullosos alemanes que querían respuestas sobre por qué su país tenía que ser el único responsable de la carnicería de la Gran Guerra.

El pueblo quería respuestas, justicia, una vida mejor y la restauración de la dignidad que sentían que había sido despojada de su país. A medida que pasaba el tiempo, más y más de ellos querían venganza.

Hitler fue uno de los muchos radicales durante esos días, pero también fue un excelente orador con una visión claramente articulada de la grandeza alemana. Sin una bola de cristal para ver el sombrío futuro que vendría después, los alemanes resonaron con el mensaje. Hitler también supo cómo cristalizar y encauzar la ira del pueblo enfocándola en un culpable claramente definido, para lo cual eligió a los judíos y a varios otros elementos.

Aparte de un intento fallido de derrocar violentamente a la República de Weimar, el ascenso de Hitler y su Partido Nazi se produjo principalmente dentro de los confines del proceso democrático desde el principio. Después de que el partido finalmente llegara al poder en la década de 1930. Sin embargo, Hitler se apresuró a disolver las instituciones democráticas y la propia República de Weimar. A medida que el Tercer Reich ascendía en el lugar de la república condenada, Alemania pronto abandonó la Sociedad de Naciones y comenzó un programa masivo de rearme. Menos de 20 años después del final de la Primera Guerra Mundial, Europa ya se estaba preparando para la próxima gran confrontación.

El error garrafal de Versalles fue la incapacidad de la humanidad para detener la carnicería a largo plazo, lo que hizo que el tratado fuera una oportunidad perdida para toda la humanidad. En una retorcida ironía histórica, la paz del período de entreguerras provocó una nueva guerra, aún peor. El Tratado de Versalles ofrece una valiosa lección en la construcción de la paz, que demuestra que los signatarios deben contener su odio y sus propias ambiciones geopolíticas. La paz siempre es preferible a la guerra, pero un proceso de paz debe ser justo para proporcionar una base para relaciones duraderas y saludables y prevenir un desastre futuro. Aún más importante es nunca dar por sentada la paz y encontrar formas de preservar el progreso y las instituciones internacionales que la humanidad ha trabajado tan arduamente para establecer desde 1945.

El desastroso debut de Vasa

De todas las grandes hazañas de la ingeniería, la construcción naval ha sido, durante mucho tiempo, una de las actividades humanas más importantes en términos de impulsar la civilización. Cuando los primeros humanos comenzaron a emigrar fuera de África hace 60.000 a 90.000 años, probablemente utilizaron puentes terrestres que se han hundido hace mucho tiempo bajo el aumento del nivel del mar. Como resultado, la naturaleza tenía un control completo sobre dónde los humanos podían y no podían expandirse. Eso ha cambiado drásticamente desde que las personas desarrollaron la capacidad de navegar a través del agua en botes primitivos y en los primeros barcos hace solo unos pocos miles de años.

Todo cambió cuando comenzó la era de las migraciones marítimas, lo que permitió a la humanidad alcanzar el nivel de interconexión y comunicación global que se da por sentado hoy en día. La construcción naval se desarrolló a pasos agigantados a lo largo de los milenios siguientes, pasando de los barcos primitivos a las enormes galeras que dependían de remos, veleros, barcos de vapor y, finalmente, leviatanes de propulsión nuclear que gobiernan las olas hoy en día.

Una impresionante hazaña de la construcción naval del siglo XVII y su efímera gloria

El Vasa de Suecia no era el barco más grande, pero estaba destinado a tener el mayor impacto[17]

En algún momento de ese viaje de progreso, se suponía que el *Vasa de Suecia,* también llamado *Wasa,* sería su propia revolución menor en la construcción naval en 1628. La historia del poder naval sueco se remonta a más de 500 años, aunque los vikingos anteriores fueron pioneros en este campo siglos antes de ese momento. En el siglo XVII, Suecia era una gran potencia europea que gobernaba gran parte del área alrededor del mar Báltico.

En la cima de este poder, el rey Gustavo II Adolfo encargó un enorme buque de guerra que infundiría miedo en los competidores europeos de Suecia y que también serviría como un poderoso símbolo de fuerza. El trabajo de construir el *Vasa* fue otorgado a Henrik Hybertsson, un distinguido diseñador de barcos holandés que trabajaba en Estocolmo en ese momento. El barco lleva el nombre de la dinastía de Gustavo II y, como tal, no solo tenía que ser formidable, sino también una obra maestra.

Con 226 pies (69 metros) de eslora, no era el buque de guerra sueco más grande, pero estaba destinado a tener el mayor impacto. El barco estaba equipado con un total de 64 cañones, lo que era un récord absoluto en ese momento, e inmediatamente estableció *a Vasa* como uno de los campeones mundiales de potencia de fuego naval. El cuerpo de la vasija estaba minuciosamente decorado con extensas tallas ornamentales, esculturas y relieves, que contaban historias épicas de la dinastía Vasa, su historia y las historias del propio Gustavo II Adolfo. Como resultado, *Vasa* era tanto un mensaje como un activo naval.

Desafortunadamente, las cosas que hacían que el barco fuera tan impresionante a la vista eventualmente se convertirían en su perdición. Los 64 cañones que llevaba el barco superaban con creces los 36 para los que fue diseñado. Toda la cubierta del cañón pesaba mucho sobre el barco y causaba una gran inestabilidad, amenazando con volcar el buque de costado. Es probable que los extensos y lujosos ornamentos también contribuyeran al insoportable estorbo del barco. La raíz del problema es difícil de determinar mucho después de casi cuatro siglos, pero es posible que un proyecto de ingeniería tan enorme estuviera más allá de las capacidades de las personas asignadas a él.

Los defectos de diseño ya eran bastante malos, pero el rey también quería presentar y botar ceremoniosamente su maravilloso nuevo barco lo antes posible, ejerciendo una presión indebida sobre los constructores para que aceleraran su trabajo. La gran revelación se produjo el 10 de agosto de 1628 en el puerto de Estocolmo. Multitudes de espectadores, funcionarios y el rey se reunieron para presenciar el lanzamiento de *Vasa* en su viaje inaugural. El barco estaba programado para transportar a varias personas a una fortaleza antes de proceder a asumir sus funciones como buque insignia del escuadrón de reserva en Älvsnabben.

Apenas 20 minutos después de la partida del barco, comenzaron los problemas, todavía al alcance visual de los espectadores. El buque inestable luchaba con los fuertes vientos y parecía querer volcarse hacia un lado. *Vasa* soportó la primera ráfaga, pero un segundo golpe más fuerte la volteó. En ese momento, *el Vasa* comenzó a hacer agua rápidamente y se hundió rápidamente, llevándose consigo a unos 30 pasajeros y miembros de la tripulación hasta el fondo del Báltico.

Esta enorme vergüenza provocó una investigación inmediata. Una comisión especial de 17 miembros fue nombrada por el rey y encabezada por el almirante Carl Carlsson Gyllenhielm, el hermanastro mayor del rey. Al igual que durante la construcción del barco, los ingenieros, oficiales navales y miembros de la tripulación se mostraron reacios a hablar. El capitán de navío Göran Mattson finalmente se quebró y admitió que los problemas con *el Vasa* habían sido identificados un mes antes del lanzamiento. Ordenado por el capitán Söfring Hansson y presenciado por el vicealmirante Fleming, una demostración en la que participaron 30 miembros de la tripulación corriendo por la cubierta mostró que el barco era lamentablemente inestable. Sin embargo, nadie se atrevió a estropear el lanzamiento ceremonial del rey.

Mientras que el poderoso *Vasa* resultó ser un espectacular fracaso naval y una vergüenza para Suecia y su Corona en el siglo XVII, el barco encontró una segunda vida como un tesoro de descubrimientos arqueológicos. Fue encontrada y finalmente recuperada en la década de 1960, casi intacta, junto con más de 40.000 artefactos invaluables que se habían hundido con el barco. También se sacaron las pocas partes que se habían desprendido del barco, y la embarcación, que es realmente una obra de arte, se restauró por completo. Desde 1990, *el Vasa* se ha exhibido en el Museo Vasa en Estocolmo y todavía se puede disfrutar como el buque de guerra mejor conservado del siglo XVII.

Capítulo 6: La sombra de la gran hambruna y la confusión en Karánsebes

Algunos de los peores desastres de la historia de la humanidad se han producido en forma de hambrunas. En el siglo XXI, la gente del mundo desarrollado piensa que las hambrunas son algo que solo ocurre en las regiones más pobres del mundo, si es que están allí. Sin embargo, en realidad, las hambrunas solían ser mucho más comunes en todo el mundo hace menos de un siglo.

Al igual que las grandes guerras o plagas, algunas de las hambrunas más destructivas han matado a millones de personas y han alterado la historia de naciones y regiones enteras. Algunas fueron causadas por la mala gestión humana, mientras que otras fueron el resultado de causas naturales. En algunos casos, ambos factores trabajaron al unísono para producir catástrofes de proporciones increíbles, como fue el caso de la hambruna irlandesa de la patata.

Sin embargo, cuando se trata de desastres resultantes de una mala gestión, la guerra es quizás el escenario definitivo donde tales desgracias pueden proliferar. La confusión y el caos de la guerra proporcionan condiciones en las que un millón de cosas pueden salir mal debido al más mínimo paso en falso. A veces, los pasos en falso son tan extremos que las calamidades resultantes simplemente aturden la mente. Uno de esos episodios que no es muy famoso fue la batalla de Karánsebes, una metedura de pata tan ridícula que habría sido cómico si no hubiera provocado tantas muertes.

La hambruna irlandesa de la patata

La hambruna irlandesa de la patata, también conocida como la Gran Hambruna, ocurrió entre 1845 y 1852. Este período de la historia irlandesa tuvo enormes ramificaciones y alteró la historia de la nación de numerosas maneras. Fue un terrible ejemplo de cómo un desastre natural puede empeorar cuando se permite que la incompetencia humana, la mala gestión e incluso la malicia expongan su caso.

Una catástrofe irlandesa

En el siglo XIX, la gente de Irlanda había llegado a depender de las papas como un alimento básico. En retrospectiva, esta falta de diversidad en sus fuentes de alimentos probablemente hizo que los 8,5 millones de habitantes de la isla fueran vulnerables a las interrupciones en el suministro de alimentos. Alrededor de la mitad de la población obtenía casi toda su nutrición exclusivamente de las patatas, lo que ciertamente no era una mala elección de alimento en términos de lo que ofrecía. Por un lado, las patatas eran fáciles de cultivar en toda Irlanda a pesar de sus impredecibles patrones climáticos y su terreno accidentado, lo que las hacía baratas y accesibles incluso para los agricultores más pobres.

En segundo lugar, las patatas son una rica fuente de nutrientes como carbohidratos y vitamina C, lo que las convierte en un alimento básico sólido. Sin embargo, la excesiva dependencia irlandesa de las patatas a mediados del siglo XIX no fue necesariamente una elección. Para millones de familias, las patatas eran el único cultivo que podían permitirse, pero su elección de dieta también se vio reducida por las políticas británicas. En ese momento, Irlanda producía más que solo patatas, pero el gobierno central de Inglaterra generalmente reservaba los productos más valiosos para la exportación, dejando muy poco para el consumo interno.

Al vivir en lo que era esencialmente una colonia de Gran Bretaña, los agricultores irlandeses no tenían mucho que decir sobre qué de sus rendimientos podían conservar y cuál tenía que ser enviado. Esto se debió a que la mayoría de ellos no eran propietarios de las tierras en las que estaban trabajando, ya que gran parte de los bienes raíces de primera calidad eran propiedad de terratenientes británicos. Muchos de estos terratenientes ni siquiera vivían en Irlanda. Como resultado, la población nativa podía hacer poco más que alquilar tierras a los terratenientes ausentes y seguir sus instrucciones sobre qué producir, con la esperanza de que quedara suficiente comida para alimentar a sus familias al final de la temporada.

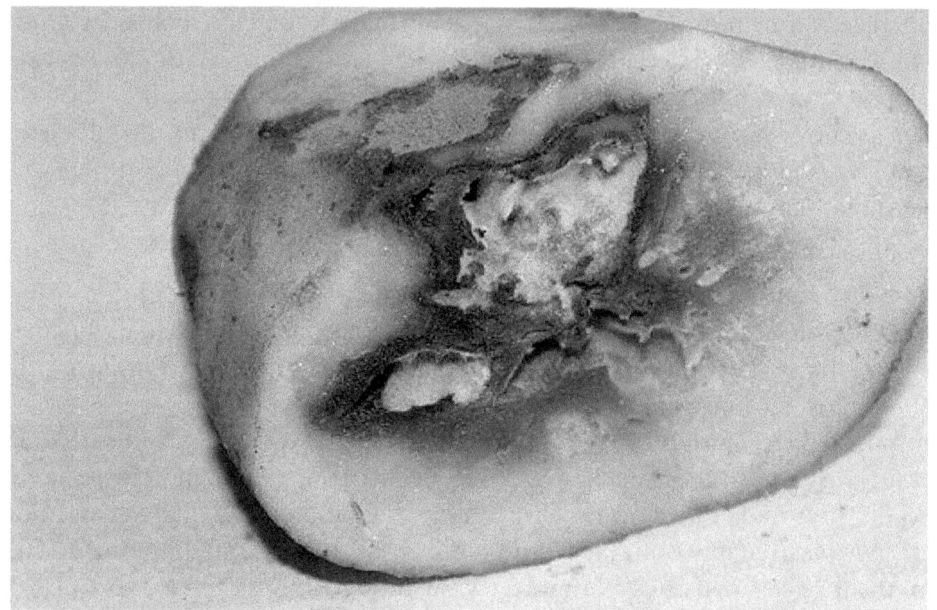

Phytophthora infestans es un tipo de hongo que hace que el tizón de la patata se propague rápidamente por todo el país[18]

Los primeros signos de problemas comenzaron con la llegada de "la plaga" en 1845. Ahora se sabe que es causada por *Phytophthora infestans,* un tipo de hongo, esta plaga de la papa se extendió rápidamente y afectó gravemente los cultivos de patata en todo el país. Es probable que esta plaga de la patata haya sido traída por barcos desde América. La temporada de 1845 en Irlanda fue particularmente favorable para el hongo debido a una humedad inusualmente alta. El hongo se propagó rápidamente de un cultivo a otro, y no pasó mucho tiempo antes de que se extendiera por toda Europa, pero la pobre campiña irlandesa se vio particularmente afectada.

Las causas biológicas detrás de la plaga no se entendieron en ese momento, pero los efectos fueron evidentes para todos. Las plantas de papa gradualmente se volvieron negras sobre la superficie, y las papas mismas a menudo resultaban arrugadas y negras. Incluso aquellos que parecían normales por fuera estaban terriblemente podridos por dentro, llenos de una pulpa viscosa y en descomposición cuyo olor acre era suficiente para hacer que el estómago se revolviera. Los desafortunados pobres de las zonas rurales que todavía trataban de comer estas patatas se encontraban muy enfermos, a veces hasta el punto de la muerte. A medida que la plaga se extendía por todo el país, quedó claro que ya no se podía contar con el alimento básico número uno de Irlanda.

Escalamiento, respuesta y consecuencias

Las malas cosechas afectaron inicialmente a la clase campesina pobre, que dependía de las patatas para prácticamente todo su sustento. A pesar de que estas personas dependían de las patatas, es probable que el desastre emergente se hubiera mitigado con medidas adecuadas. Otras partes de Europa, como Bélgica y los Países Bajos, no dependían tanto de las patatas, pero aun así fue su gestión de la crisis lo que garantizó que se minimizaran los efectos de la plaga.

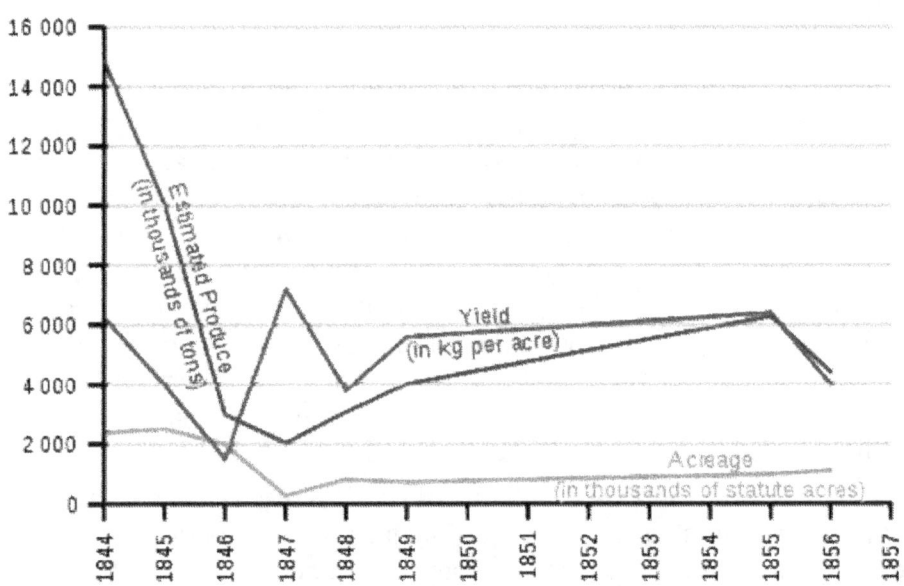

Producción de patata durante la Gran Hambruna. Las malas cosechas afectaron inicialmente a la clase campesina pobre, que dependía de las papas para prácticamente todo su sustento[19]

Lo que comenzó como una crisis de suministro de alimentos entre los pobres de las zonas rurales pronto se convirtió en un desastre nacional, principalmente debido a la respuesta inadecuada de Gran Bretaña. A pesar del creciente número de personas que pasaban hambre, el gobierno central de Londres continuó exportando los productos agrícolas de Irlanda. En lugar de desviar parte de estos alimentos para aliviar la hambruna en curso, los británicos importaron maíz americano como sustituto de los lugareños. A los campesinos irlandeses también se les ofrecieron trabajos manuales en proyectos públicos, pero ninguna de estas medidas fue suficiente.

Los problemas en el sistema de distribución significaron que muchas de las personas hambrientas en las áreas rurales no estaban recibiendo su parte, pero incluso cuando lo hacían, el maíz no era suficiente. La vitamina C que los agricultores obtenían anteriormente de las papas ahora se ha ido, lo que lleva a un aumento en los casos de escorbuto. Las patatas ofrecían una amplia gama de nutrientes cruciales que hacían que la población estuviera sana, pero ahora se estaban volviendo vulnerables a todo tipo de enfermedades distintas del escorbuto, y la tasa de mortalidad infantil de Irlanda aumentó drásticamente. Mientras tanto, el gobierno siguió exportando ganado y granos, lo que podría haber proporcionado a la población hambrienta alimentos enteros y carne que salvan vidas.

Los irlandeses hambrientos a los que se les dieron trabajos británicos en proyectos públicos tenían un rendimiento inferior o se derrumbaron debido al trabajo extenuante, lo que les impedía ganar dinero para comprar alimentos. Algunos trabajadores tenían que caminar 20 millas o más para llegar a sus trabajos, hambrientos y agotados incluso antes de comenzar su trabajo. Los trabajadores a veces morían de camino al trabajo o a casa. Era la época de las familias numerosas, que dependían del trabajo agrícola y manual de los hombres de la casa, que a menudo alimentaban hasta a diez hijos y a sus madres. La muerte de un solo padre, si los hijos eran pequeños, a menudo condenaría a toda su familia.

En 1846, el segundo año de la hambruna, la plaga empeoró aún más, e incluso aquellas familias que de alguna manera lograron sobrevivir ilesas comenzaron a sentir el dolor. A medida que la hambruna empeoraba, la respuesta del gobierno británico disminuía. La poca ayuda que recibieron los esfuerzos internacionales de socorro no fue suficiente. Además de eso, el gobierno central introdujo nuevas reglas, lo que dificulta que las personas califiquen para recibir asistencia. Peor aún, Londres aumentó los impuestos a Irlanda para hacerles pagar gran parte de la ayuda que necesitaban desesperadamente.

A pesar de la catástrofe, el gobierno continuó aplicando políticas de *laissez-faire*, lo que exacerbó en gran medida la crisis. Hoy en día, los historiadores culpan a estas políticas de la Gran Hambruna, pero las razones subyacentes de un enfoque británico tan cruel han sido intensamente debatidas. La intolerancia religiosa y los prejuicios contra los irlandeses entre las clases dominantes británicas se citan a menudo como algunos de los factores clave. En apoyo de estos argumentos están los muchos ejemplos de cómo la prensa británica y el discurso público trataron la hambruna.

Los irlandeses a menudo eran retratados como borrachos, pecadores y, en general, personas incompetentes que solo podían culparse a sí mismos. La supuesta pereza de los irlandeses también fue un prejuicio frecuente que se propagó ampliamente. Estas actitudes deshumanizaron a los irlandeses, desviaron la responsabilidad del gobierno central e hicieron más difíciles los esfuerzos genuinos de socorro. Muchos funcionarios del gobierno de Londres trataron la hambruna como un castigo divino que se estaba infligiendo legítimamente a los irlandeses. Más que simplemente menospreciar a la hambrienta población irlandesa, estas creencias intolerantes motivaron a los legisladores a bloquear numerosas propuestas que podrían haber salvado a innumerables personas.

Durante este tiempo, el Reino Unido de Gran Bretaña e Irlanda, como se conocía a la monarquía entre 1801 y 1922, era inmensamente rico. La superpotencia colonial disponía de enormes activos financieros y recursos de todo tipo en todo su vasto imperio global. Un millón de irlandeses murieron entre 1845 y 1852, no debido a la escasez de recursos, sino a la voluntad política. La hambruna disminuyó solo cuando las condiciones naturales permitieron que los cultivos de patata de Irlanda se recuperaran. Los siete años de la Gran Hambruna fueron un período decisivo en la historia de Irlanda. Aparte del millón de personas que murieron, hasta dos millones más huyeron del país, principalmente a Estados Unidos. Todos estos factores combinados redujeron a la mitad la población de Irlanda en la década de 1920. Para muchos irlandeses, el sufrimiento de esas décadas fue la gota que colmó el vaso, movilizando a la opinión pública a favor de la independencia. Esto culminó en la guerra de independencia de Irlanda en 1919-1921 y el establecimiento de la República de Irlanda.

Toda una batalla de fuego amigo

La batalla de Karánsebes de 1788, si se le puede llamar así, es difícil de clasificar. Por un lado, fue sin duda una victoria para los otomanos durante una de las numerosas guerras austro-otomanas. Por otro lado, es difícil precisar si fue una victoria o una derrota para los austriacos, ya que dos ejércitos lucharon, y uno probablemente salió victorioso, pero el problema es que ambos eran austriacos. De hecho, esta batalla, a menudo referida como la "batalla más tonta de la historia", fue un episodio de luchas internas inadvertidas provocadas por un incidente de fuego amigo.

La historia contada

La guerra entre los Habsburgo y el Imperio otomano tuvo lugar debido a una falta de comunicación[30]

El desafortunado enfrentamiento se produjo en el contexto de la guerra austro-turca, a veces también llamada guerra Habsburgo-Otomana, entre 1788 y 1791. El Imperio de los Habsburgo, al igual que los imperios austríaco y austrohúngaro que le sucedieron, era una monarquía multiétnica con varias minorías eslavas y otras minorías bajo su dominio. Del mismo modo, los ejércitos del imperio eran muy diversos, a veces formados por unidades inconexas cuyos combatientes apenas podían entenderse entre sí. Una estructura de mando unificada generalmente cerró esa brecha con éxito, pero la falta de comunicación podría haber jugado un papel en el error garrafal de Karánsebes.

La batalla tuvo lugar cuando el emperador del Sacro Imperio Romano Germánico, José II, dirigió un ejército de unos 100.000

hombres al territorio de la actual Rumania para buscar a los otomanos. En las cercanías de Karánsebes, el ejército estableció un campamento a lo largo del río Timiş, justo al sur de la ciudad. Lo que sucedió después ha sido objeto de cierto debate debido a la escasez de registros contemporáneos. Esto podría haberse debido a los esfuerzos austriacos por suprimir información y enterrar el incidente para salvar las apariencias.

Según la narración tradicional, después de que el ejército acampó en la orilla occidental del Timiş, enviaron un grupo de exploración compuesto por húsares al otro lado del río para recopilar información. Si bien no encontraron tropas otomanas, se encontraron con varios residentes locales que ofrecían vender aguardiente. Los húsares, agotados por su larga marcha, estaban en el mercado. Sin embargo, después de comprar el alcohol, no se apresuraron a compartirlo con sus camaradas, sino que se quedaron al otro lado del río y celebraron una fiesta.

Cuando un grupo de infantería austriaca persiguió a los húsares al otro lado del río, los encontraron en un estado de ánimo festivo, compartiendo bebidas y entreteniéndose con los lugareños. Las tropas de infantería querían unirse a la diversión, pero su petición de alcohol fue negada por los húsares, que, en ese momento, estaban significativamente borrachos. Todos los barriles de aguardiente que tenían los húsares estaban celosamente guardados, y se dice que los soldados de caballería habían establecido fortificaciones rudimentarias alrededor del preciado líquido. Estalló una discusión, que rápidamente se convirtió en una pelea, momento en el que alguien disparó.

El tiroteo que siguió fue solo una obertura de la carnicería que estaba por venir. Al oír los sonidos de la batalla, el grueso del ejército que ocupaba sobriamente sus puestos alrededor de Karánsebes interpretó el alboroto como un ataque otomano. Esta información errónea llegó a las tropas borrachas al otro lado del río, que lo interpretaron como un ataque turco a Karánsebes, tras lo cual se apresuraron a ayudar a sus fuerzas. Los húsares y varias unidades de infantería comenzaron a huir en medio del caos, con una constante falta de comunicación en el camino. Además de los austriacos de habla alemana, el ejército incluía rumanos, italianos, fronterizos serbios, croatas y otros grupos.

A medida que parte de la caballería de húsares huía a través del campamento, las unidades de artillería austriacas comandadas por el general Colloredo pensaron que se trataba de una carga de caballería turca, ordenando a sus cañones disparar. Cuando el resto de las tropas ebrias del otro lado del río llegaron para ayudar, la infantería que se acercaba probablemente se interpretó como un ataque otomano adicional, momento en el que las tropas acampadas abrieron fuego. Cuando las tropas ebrias fueron atacadas, llegaron a la conclusión de que el campamento y la ciudad de Karánsebes debían haber sido invadidos y capturados por los turcos.

A medida que se desarrollaba la carnicería, algunos de los oficiales alemanes probablemente se dieron cuenta de lo que estaba pasando, ya que la narrativa tradicional sostiene que intentaron detener el caos gritando: "¡Alto!" Para las tropas que no hablaban una palabra de alemán, esta orden de detenerse sonaba más como musulmanes clamando a "Alá" en el fragor de la batalla, lo que solo intensificó la matanza. En el momento en que los combates disminuyeron, José II estaba tan desmoralizado que ordenó una retirada completa, lo que brindó una gran oportunidad para los otomanos en la lucha más amplia por controlar el Danubio.

Secuelas e incertidumbres

Determinar el número de bajas ha sido tradicionalmente difícil, al igual que con muchos otros detalles de batalla más finos. La sabiduría tradicional, que probablemente exageró la historia, sostenía que perecieron unos 10.000 soldados, pero las estimaciones modernas sitúan el número más cerca de 1.000. Tales pérdidas habrían sido significativas para un incidente de fuego amigo, ya que los austriacos no tenían nada que mostrar por sus bajas.

Cuando el ejército otomano llegó al lugar un par de días después, encontraron un campo sembrado de cadáveres de tropas austriacas. Los otomanos se habían estado preparando para una gran batalla para capturar Karánsebes durante un tiempo en ese momento, pero la vista de unidades enemigas devastadas dejó claro que la conquista sería más fácil de lo previsto. Los turcos pronto marcharon hacia Karánsebes y se fortificaron en la ciudad, marcando una de las victorias más fáciles en toda la historia otomana.

El principal problema con este relato es que se obtiene de registros que se compilaron varias décadas después del evento. Ha sido particularmente difícil para los historiadores determinar la duración del enfrentamiento y el número de bajas. Hay fuertes indicios de que se produjo un importante incidente de fuego amigo y la posterior derrota del ejército austriaco, principalmente porque se sabe que los otomanos capturaron Karánsebes sin luchar. La fácil e incruenta captura de una ciudad tan estratégica por parte de los otomanos no habría ocurrido si los austriacos no hubieran sufrido daños considerables. También es cierto que habría sido en el interés de los Habsburgo mantener la historia fuera de la circulación pública durante el mayor tiempo posible.

Una de las preguntas centrales siempre ha sido cómo un ejército organizado pudo participar en el fuego amigo durante tanto tiempo. Las mencionadas barreras lingüísticas entre las tropas jugaron sin duda un papel importante. Si es cierto que los húsares se toparon con un importante suministro de aguardiente al otro lado del río, lo que provocó la embriaguez de cientos de hombres, entonces estos dos factores podrían haber hecho que la situación fuera excepcionalmente caótica.

Esta campaña militar de José II contra los otomanos se vio empañada por otros reveses. Los brotes de enfermedades como la malaria y la disentería fueron particularmente mortales, lo que provocó la mayoría de las decenas de miles de víctimas que sufrieron los austriacos. Los Habsburgo finalmente ganaron la guerra y adquirieron nuevos territorios, por lo que historias vergonzosas como la de Karánsebes podrían barrerse más fácilmente debajo de la alfombra. Si los austriacos hubieran sufrido una gran derrota en la guerra en general, los historiadores probablemente habrían estado más inclinados a examinar todos los reveses, ayudando a que el desastre de Karánsebes llegara a la historia principal antes de lo que lo hizo.

Capítulo 7: El error de Napoleón en Rusia y la propagación de la peste negra

De todos los acontecimientos monumentales que Europa ha presenciado en el último milenio, pocos desastres y personalidades sobresalen tanto como Napoleón Bonaparte y la peste negra. Si bien probablemente sea injusto equiparar a Napoleón con un brote de peste bubónica, es razonable decir que estos dos episodios históricos han sacudido a Europa hasta la médula y han trastocado millones de vidas.

Napoleón tenía sus motivaciones y ambiciones y, en última instancia, no era más que un hombre. Como tal, podía ser entendido y luchado, sin importar cuán poderoso fuera. La Peste Negra, por otro lado,

Napoleón tenía sus motivaciones y ambiciones y, en última instancia, no era más que un hombre[21]

fue una fuerza horrible de la naturaleza que plantea muchas preguntas hasta el día de hoy, y mucho menos en el siglo XIV. Por muy influyente y poderoso que pueda ser un hombre, ningún esfuerzo humano puede igualar la turbulencia que la naturaleza puede crear si así lo decide. Respectivamente, las historias de Napoleón y la peste negra son casos de estudio de cómo se ve cuando los seres humanos y la naturaleza deciden poner patas arriba un continente entero, cada uno a su manera.

La invasión de Rusia en 1812

Una interpretación convencional de la historia entre aquellos que no rascan mucho más allá de la superficie sostiene que la humanidad ha experimentado dos guerras mundiales. Esta interpretación simplificada pasa por alto que hubo una serie de otras guerras que casi satisfacen la definición de un conflicto global. En la historia europea, la guerra de los Siete Años, librada entre 1756 y 1763, fue quizás la más reñida, y muchos historiadores la consideran una guerra mundial.

Por otro lado, el período de la historia europea conocido como las guerras napoleónicas (1803-1815) es otro ejemplo de una guerra que casi adquirió una dimensión global. Sin embargo, los conflictos consistieron en siete guerras individuales, por lo que rara vez se consideran un solo enfrentamiento. A lo largo de esas siete guerras, decenas de países se enfrentaron en numerosos teatros y bajo diversas coaliciones, lo que convirtió a este período destructivo en uno de los más decisivos de la historia europea, con consecuencias globales de gran alcance.

La fatídica decisión de Napoleón

Uno de los episodios más infames de las guerras napoleónicas fue, sin duda, la nefasta invasión de Rusia que el legendario líder militar emprendió en 1812. La invasión también se conoce a veces como la segunda guerra polaca, y en Rusia se conoce como la guerra patriótica de 1812. Al frente de una fuerza de invasión de 615.000 hombres conocida como la Grande Armée, Napoleón inició una invasión del Imperio ruso que provocaría alrededor de 1.000.000 de muertes en total. La invasión fue una derrota catastrófica para Napoleón, quien era considerado casi invencible en el campo de batalla en ese momento.

En los años previos a este desastre militar, Francia y Rusia no fueron particularmente hostiles entre sí. Participaron en la guerra, pero desde los Tratados de Tilsit en 1807, los imperios francés y ruso estaban en una alianza. Napoleón aseguró esta alianza con el fin de presionar a su archienemigo, el Reino Unido. La alianza que Napoleón había impuesto a Rusia obligaba a los rusos a participar en el embargo de Napoleón contra el Reino Unido, conocido como el *sistema continental.*

Rusia asumió otras obligaciones como parte de los tratados, pero obtuvo algunos beneficios a cambio. Francia apoyaría a los rusos contra los otomanos y se haría a un lado cuando Rusia invadiera Finlandia, que entonces era parte de Suecia. A primera vista, el zar Alejandro I de Rusia y Napoleón habían hecho un acercamiento agradable, pero los términos de la alianza seguían siendo favorables para Francia. La incómoda alianza nunca iba a durar.

Debido a conflictos y agravios pasados, además de nuevos desaires en los años posteriores a la formación de la alianza, las tensiones se intensificaron en 1810. La alianza se rompió a finales de ese año cuando el zar ruso abandonó oficialmente el embargo de Napoleón debido a su daño a la economía rusa. Napoleón se enfureció e interpretó este movimiento como una gran traición. Al cabo de un año, comenzó a hacer sus preparativos para la guerra, a través de la cual esperaba obligar a los rusos a volver a los tratados.

La aplastante derrota que sufriría la Grande Armée de Napoleón en Rusia es probablemente la razón por la que muchas personas albergan la falsa idea de que el ejército marchó a Rusia sin estar preparado. Napoleón fue una de las mentes militares más grandes de la historia y tenía una gran cantidad de conocimientos a su disposición. Estudió las invasiones anteriores de Rusia y estaba bien informado sobre el tipo de tierra que invadiría. Napoleón y sus subordinados también estaban familiarizados con la infame dureza del invierno ruso.

En campañas anteriores, la Grande Armée solía alimentarse "de la tierra" procurándose provisiones a la población local. Esto no fue posible en Rusia debido a lo escasamente poblado y vasto que es el país. No solo eso, sino que el ejército también tendría que lidiar con carreteras en mal estado que eran pocas y distantes entre sí. Al finalizar sus preparativos a principios del verano de 1812, Napoleón esperaba que la campaña terminara a finales del verano.

El fin de la invencibilidad de Napoleón

Uno de los errores más visibles en la planificación de Napoleón fue que, tal vez de manera inusual, asignó importantes puestos de mando a parientes inexpertos en lugar de generales probados. La Grande Armée estaba dividida en tres frentes principales, el mayor de los cuales se desplegó a lo largo del Niemen, una barrera natural y fronteriza con Rusia en ese momento. Por otro lado, el Imperio ruso comandaba un ejército de unos 650.000 hombres, aunque muchos de ellos estaban desplegados en otras partes de las inmensas tierras de Rusia. Solo unos 165.000 vigilaban las fronteras occidentales del imperio, enfrentándose a cerca de 450.000 de las tropas napoleónicas.

Napoleón y su ejército, menos de la mitad del cual estaba compuesto por franceses, comenzaron a cruzar el Niemen el 23 de junio de 1812. Con esta fatídica decisión, Napoleón no se embarcó en una guerra de conquista, sino que planeó simplemente destruir el potencial militar de Rusia y obligar al zar Alejandro I a someterse. Este objetivo comenzó a eludir a Napoleón desde el momento en que su enorme ejército hizo el primer contacto con los cosacos rusos. Estos hombres a caballo intercambiaron algunos disparos esporádicos con los franceses y rápidamente se retiraron más adentro de su territorio como para invitar al ejército invasor a entrar. Curiosamente, el evento más notable de la entrada de Napoleón en Rusia fue que su caballo se asustó con un conejo y lo arrojó, causando heridas leves al emperador.

La esencia de la estrategia de Napoleón era moverse rápido, superar al enemigo y enfrentarse a los ejércitos rusos individuales uno por uno, convirtiéndolos en presas fáciles. Al ritmo previsto, Napoleón calculó que la campaña terminaría en unas tres semanas, con una derrota aplastante de Rusia y con el terror golpeado directamente en los huesos de otros países europeos. El comandante supremo del ejército ruso, Mijaíl Barclay de Tolly, se encargó de las intenciones de Napoleón.

El comandante supremo del ejército ruso, Mijaíl Barclay de Tolly, se encargó de las intenciones de Napoleón[22]

El poderoso ejército francés pronto se encontró marchando a través de llanuras interminables, en busca de una lucha que continuaba eludiéndoles. Napoleón aparentemente no tenía una estrategia alternativa, por lo que continuó avanzando hacia Rusia, buscando un enemigo que simplemente se negara a luchar. Napoleón sabía que esta tierra enorme y escasamente poblada dificultaría la alimentación de su ejército en movimiento, por lo que llevó cantidades masivas de suministros para sostener la campaña.

Sin embargo, a medida que los rusos continuaron atrayendo a los invasores, los suministros comenzaron a agotarse. Los pocos asentamientos que encontró la Grande Armée fueron encontrados arrasados hasta los cimientos. Dondequiera que iban los franceses, encontraban aldeas desiertas, quemadas y destruidas cultivos, ganado y cualquier otra cosa que pudiera ser de valor para un ejército. A pesar de las protestas de los oficiales rusos que querían resistir y luchar, Barclay persistió en su estrategia de desgaste. A medida que el ejército francés entraba en Minsk y Lituania, la guerra que Napoleón quería librar continuaba escapándole.

El primer enfrentamiento notable ocurrió un mes después de la invasión, cuando el mariscal Louis-Nicolas Davout derrotó a los rusos en Saltanovka. Esta derrota obligó a los rusos a continuar retirándose, pero el calendario preferido de Napoleón se había deslizado y su ejército había incurrido en pérdidas significativas. Algunos murieron en combate, mientras que otros sucumbieron a una enfermedad provocada por una combinación de calor y lluvia, lo que le costó a la Grande Armée 80.000 hombres después de una sola victoria militar tangible. Incluso antes de la primera batalla, la deserción se convirtió en un problema para Napoleón, y solo se intensificaría.

A medida que el ejército invasor avanzaba, los únicos cadáveres que dejaban a su paso eran los suyos. Los rusos también tuvieron problemas, particularmente con las luchas internas entre oficiales rusos y alemanes bálticos que abogaban por estrategias diferentes. Para muchos de los rusos étnicos en el ejército, la estrategia de Barclay de destruir y luego entregar territorio parecía cada vez más traidora. Barclay finalmente se vio obligado a comenzar acciones ofensivas, y un período de enfrentamientos directos comenzó en agosto de 1812.

Las cosas llegaron a un punto crítico durante la batalla de Smolensk entre el 16 y el 18 de agosto. Los franceses lograron hacer retroceder a los rusos y capturar la ciudad, pero la proporción de bajas fue de casi 1:1, lo que significó un mayor desgaste para las fuerzas de Napoleón sin mucho que mostrar. En este punto, Napoleón consideró cambiar de marcha y atrincherarse para una guerra prolongada, convirtiendo a Smolensk en una base de operaciones donde él y su ejército pasarían el invierno. Decidió no aceptar esta idea debido a la pérdida de reputación que traería al dejar en claro que la invasión inicial había fracasado.

Después de que los rusos se retiraron de Smolensk y se dirigieron hacia Moscú, la derrota causó un escándalo en la capital imperial rusa de San Petersburgo. Barclay fue relevado de su mando y reemplazado por Mijaíl Kutúzov, un hombre de gran prestigio y experiencia en el campo de batalla contra el propio Napoleón. El nuevo comandante en jefe continuó la guerra de desgaste hasta que finalmente le dio a Napoleón la batalla masiva que había esperado. El 7 de septiembre tuvo lugar la batalla de Borodino, un punto de inflexión en la guerra.

De los 300.000 soldados que lucharon, alrededor de 80.000 murieron o resultaron heridos. Las bajas favorecieron a los franceses, pero no lo suficiente como para ser sostenibles. Napoleón había conseguido la batalla principal que buscaba, pero no logró infligir el golpe decisivo. Kutuzov se retiró y dejó el camino a Moscú abierto de par en par para Napoleón, pero la supuesta victoria fue un anticlímax. Los rusos todavía comandaban un ejército casi intacto, y cuando Napoleón marchó hacia Moscú, lo encontró abandonado y en llamas. Junto con los 250.000 habitantes que fueron evacuados, el ejército ruso incluso se llevó el equipo de bomberos de la ciudad.

A medida que su ejército hambriento comenzaba a descomponerse en la ciudad en ruinas con poco botín valioso, Napoleón esperó 36 días para que Alejandro I le ofreciera los términos, con la esperanza de salvar al menos algún compromiso. Nunca hubo respuesta. Mantener un ejército estacionado en las ruinas de Moscú durante el invierno era insostenible, por lo que el emperador francés decidió ordenar una retirada completa mientras el otoño aún era cálido. Los 100.000 hombres que permanecían en la Grande Armée apenas podían imaginar que el infierno no había hecho más que empezar.

Napoleón inicialmente trató de retirarse a través del sur de Rusia con la esperanza de alimentar a su ejército, pero Kutuzov lo impidió, obligando a los franceses a irse por el mismo camino que vinieron. El ejército en retirada fue objeto de constantes emboscadas y ataques por parte de unidades móviles cosacas a medida que se abrían camino a través de los campos de batalla anteriores. Los campos estaban sembrados por los propios cadáveres desatendidos de la Grande Armée, ahora en descomposición y destrozados por animales salvajes. El invierno llegó temprano ese año y las temperaturas ya habían bajado a -30° C en noviembre. Los harapientos restos del otrora formidable ejército siguieron adelante mientras morían congelados y luchaban entre ellos por la poca agua y comida que les quedaba, incluso recurriendo al canibalismo en algunas ocasiones.

Para cuando Napoleón regresó a través del Niemen a principios de diciembre, sus fuerzas habían sufrido alrededor de medio millón de bajas, 350.000 de ellas mortales por diversas causas. Los rusos también sufrieron pérdidas significativas, pero el resultado final fue difícil de discutir. Después de cruzar el río, Napoleón dejó a Joaquín Murat a cargo y partió hacia París para manejar los asuntos políticos, abandonando así a su maltrecho ejército. Un total de un millón de personas murieron durante la campaña de medio año, convirtiéndola en uno de los errores más mortíferos de la historia militar.

Al final, el error fatal de Napoleón fue subestimar la determinación del zar Alejandro I y su pueblo y hasta dónde estaban dispuestos a llegar los rusos para lograr la victoria. Además, el enemigo no se conformó con haber desterrado a Napoleón de sus tierras. De hecho, Rusia emprendió su propia ofensiva en Europa poco después, uniéndose a Gran Bretaña, Austria, Prusia y otros aliados. Se produjo un gran impulso conocido como la guerra de la Sexta Coalición, que puso fin al imperio de Napoleón y lo envió al exilio, al menos por un corto tiempo. Siendo la fuerza de la naturaleza que era, Napoleón regresó en 1815, desatando la guerra de la Séptima Coalición, que finalmente puso fin a sus ambiciones imperiales en la legendaria batalla de Waterloo el 18 de junio de 1815.

Europa estuvo a punto de colisar con la extinción

Mucho antes del siglo XX, Europa también había sido testigo de eventos de víctimas masivas no relacionados con la guerra. Una de esas catástrofes fue el brote de peste bubónica más infame de la historia, conocido como la Peste Negra. Esta peste podría haber matado hasta la mitad de la población de Europa entre 1346 y 1353. En un continente cuya historia está llena de guerras prácticamente interminables, la peste negra fue la forma en que la naturaleza recordó a todos que ningún hombre poderoso, líder militar o armada puede sacudir el continente de la manera en que ella lo hace.

Una pandemia tan devastadora hizo algo más que matar a personas. Desencadenó el pánico a una escala apocalíptica, haciendo temblar a Europa en sus cimientos políticos, espirituales y existenciales. Este histórico desastre natural no fue el error de una sola persona. Sin embargo, puso de relieve la vulnerabilidad de la humanidad a brotes inesperados de enfermedades y la facilidad con la que una pandemia horrible puede propagarse entre poblaciones mal preparadas. Las pandemias generalmente se originan en la naturaleza, pero se agravan mucho a través de una serie interminable de errores personales diarios de personas que no saben nada mejor.

La peste bubónica era una enfermedad espantosa. Las descripciones escritas de la época de la peste y sus secuelas hablaban de una enfermedad que acababa con todos con facilidad, incluso con los jóvenes en la flor de la vida. Por lo general, comenzaba con fiebres terribles, vómitos, dolores de cabeza y dolor en las articulaciones. Sin tratamiento, la enfermedad tenía una tasa de mortalidad del 80%, matando a los afectados en ocho días. Los escritos del siglo XIV tendían a centrarse en descripciones macabras de lo que se podía ver.

Los pacientes desarrollarían bubones en las áreas de la ingle, el cuello y las axilas. Los bubones o llagas eran forúnculos supurantes que goteaban pus y sangre al abrirse. Se parecían a tumores, algunos de los cuales podían crecer hasta el tamaño de una manzana. Estos forúnculos tendían a extenderse por todo el cuerpo a medida que la enfermedad progresaba. Otro síntoma común de la peste bubónica en etapa tardía es la aparición de gangrena, que pudre el tejido y la piel y la vuelve negra. Los dedos, las manos, los brazos y otras partes de las personas simplemente se volverían negros y se pudrirían, como en un cadáver. La misma negrura apareció en los bubones.

La peste bubónica proviene de *Yersinia pestis,* una bacteria transmitida por pulgas, particularmente aquellas que viven en roedores. Es probable que la pandemia de peste negra incluyera también las plagas neumónica y septicémica, que tienen tasas de mortalidad aún más altas, pero la bubónica fue la más prevalente. Cuando llegó la peste negra en 1346, Europa ya estaba teniendo un siglo terrible lleno de guerras, hambrunas y brotes de enfermedades.

El origen de la peste negra ha sido objeto de debate, pero la teoría más establecida sostiene que se formó en algún lugar de Asia central y China. Los mongoles lo trajeron de allí a Crimea a través de la guerra y el comercio, y luego los barcos europeos lo recogieron y lo llevaron a Italia. Los barcos siempre han sido huéspedes de ratas, que eran portadores perfectos para las pulgas infectadas. Solo tomó alrededor de dos años para que la enfermedad floreciera fuera de Italia a través del comercio, infectando a gran parte de Europa.

La existencia de microorganismos como las bacterias era completamente desconocida para la humanidad en ese momento, por lo que el tratamiento de la enfermedad se reducía a hierbas y otros métodos anticuados. La prevención también se vio dificultada por la inexistencia de normas sanitarias y el pánico. Cuando la peste golpeaba, la ira de Dios era una interpretación común. La gente huiría de las zonas afectadas, lo que ayudaría a propagar la enfermedad más lejos y más rápido.

En un par de años, muchas ciudades y pueblos de toda Europa acogieron escenas apocalípticas con montones de cadáveres debido a los cementerios superpoblados. Aquellos que eligieron quedarse en el lugar se apagarían, se quedarían adentro y orarían a Dios. El malestar, la descomposición social y la desconfianza se desbordaron. Muchas personas culparon a los judíos y a otros forasteros, difundiendo rumores de que no se estaban enfermando, lo que llevó a atrocidades incalculables. La pandemia repercutió en todo el sistema feudal europeo porque perecieron muchos agricultores. Tuvieron que pasar unos 200 años para que la población de Europa volviera a su número anterior. La enfermedad se repitiría en numerosas ocasiones durante ese tiempo, aunque con menor intensidad.

Es tentador suponer que la superstición de la sociedad medieval europea, profundamente religiosa, se interpuso en el camino de la razón y la comprensión científica durante el brote. Aun así, la civilización europea del siglo XIV era sin duda lo suficientemente sofisticada para su época, pero la humanidad en su conjunto era simplemente más primitiva y estaba más lejos de los avances científicos y médicos que se dan por sentados hoy en día.

Incluso recientemente, la humanidad se ha visto afectada por varios brotes mortales y altamente perturbadores. La gripe española se desató en todo el mundo después de la Primera Guerra Mundial. De hecho, las estimaciones del número de muertes por la gran gripe son las mismas que las de la peste negra. La gripe fue mucho menos devastadora en proporción a la población mundial en ese momento, pero demostró claramente que la humanidad todavía tenía que lidiar con brotes peligrosos a pesar de todos los avances en medicina y saneamiento.

Incluso en la década de 2020, el mundo recibió un duro recordatorio de vulnerabilidad durante la pandemia de COVID-19. La reciente y aún en curso pandemia ha matado a millones de personas, ha causado estragos en la economía mundial y ha creado importantes trastornos sociales en todo el mundo. Si bien el COVID-19 es incomparable con los horrores de la peste negra, se propagó increíblemente rápido y con una facilidad preocupante. Imaginar lo que habría sucedido con una enfermedad que era igual de viral, pero mucho más mortal que el COVID no requiere mucha imaginación. Es de esperar que este reciente recordatorio y las terribles lecciones de la historia ayuden a la humanidad a prepararse mejor para futuros brotes.

Capítulo 8: El último viaje de Lusitania y el misterio de Tunguska

Algunos acontecimientos históricos han dejado su huella porque alteraron irreversiblemente el curso de grandes acontecimientos. Son recordados como puntos clave en una larga cadena de acontecimientos que conducen hasta hoy, por lo que tienen tanto peso. Estos puntos de inflexión de la historia tienden a ser bien comprendidos, estudiados a fondo y debatidos siempre, dejando muy poco a la imaginación, pero mucho a la interpretación. El hundimiento del RMS Lusitania es uno de esos acontecimientos.

Por otro lado, algunas cosas han sucedido con tanto misterio a su alrededor que el misterio en sí mismo es suficiente para grabarlas en los registros históricos. Cuando un evento no se entiende y no deja nada más que preguntas a su paso, despierta el interés humano de una manera que la mayoría de la información histórica no puede. Las personas tienen un impulso natural de buscar respuestas, y cuando las respuestas son difíciles de alcanzar, surgen leyendas. Una de estas leyendas es el llamado incidente de Tunguska.

El cruel destino del RMS Lusitania

Poco más de tres años después del hundimiento del *Titanic,* Europa fue testigo de una nueva y horrible catástrofe marítima cuando otro transatlántico británico, el RMS *Lusitania,* fue hundido el 7 de mayo de 1915. El barco era sofisticado para su época y ostentó el título de barco más grande del mundo durante un par de meses después de su botadura en 1906. Operado por la Cunard Line, el RMS *Lusitania* también fue el poseedor del récord del tiempo más rápido a través del Atlántico en 1908. Había completado más de 200 viajes a través del Atlántico cuando fue torpedeado por un submarino alemán en la Primera Guerra Mundial.

Europa fue testigo de una nueva y horrible catástrofe marítima cuando otro transatlántico británico, el RMS Lusitania, fue hundido el 7 de mayo de 1915[28]

Un escandaloso incidente internacional

La totalidad del incidente del *Lusitania* siempre ha sido controvertido. Una de las preguntas más inmediatas siempre ha sido si el viaje debería haber ocurrido en primer lugar. El barco finalmente sería hundido frente a la costa sur de Irlanda, que era, en ese momento, parte del Reino Unido en su totalidad. Para empeorar las cosas, el *Lusitania* fue registrado oficialmente como un buque británico.

El Reino Unido había estado en guerra con el Imperio alemán durante bastante tiempo cuando el *Lusitania* partió de Nueva York el 1 de mayo de 1915, regresando a Liverpool. Como tal, las aguas alrededor de Irlanda y las Islas Británicas eran una zona de guerra activa que involucraba a un país hostil que operaba una flota de submarinos diseñados específicamente para esconderse bajo la superficie y hundir barcos. El viaje del Lusitania era universalmente conocido por ser altamente peligroso, lo que llevó a una gran controversia incluso antes de que el barco zarpara.

En respuesta a las preocupaciones planteadas en la embajada de Alemania en los Estados Unidos, la embajada publicó una clara advertencia a los posibles pasajeros. Alemania declaró sin ambigüedades que nadie debía abordar el *Lusitania* y que había una alta probabilidad de que se produjera un desastre. Alemania, en ese momento, estaba bajo bloqueo por parte de los británicos y los franceses, lo que hizo que todos los barcos británicos fueran presa fácil a sus ojos. La advertencia fue difundida en la prensa el 22 de abril, mucho antes de la partida del barco.

En este punto de la guerra, la Royal Navy británica era sin duda la potencia naval dominante, pero la llegada de nuevas armas y estrategias comenzó a nivelar el campo de juego. Los alemanes fueron pioneros en la guerra submarina durante la Gran Guerra, causando estragos en el poder naval enemigo, así como en las rutas marítimas. Las reglas de enfrentamiento eran bastante laxas, sobre todo porque los británicos solían emplear transatlánticos civiles con fines militares si era necesario.

A medida que el RMS *Lusitania se* acercaba a las islas británicas, las cosas iban según la rutina. El capitán William Thomas Turner estaba seguro de que su barco de última generación era casi invulnerable a los ataques submarinos debido a su velocidad, y aseguró a los pasajeros que no tenían nada de qué preocuparse. Durante la aproximación del barco, los británicos intentaron proporcionar al RMS *Lusitania* una escolta naval. Desafortunadamente, los problemas de comunicación y los problemas con las políticas de Cunard llevaron a complicaciones que finalmente obligaron al barco a entrar en territorio de submarinos sin escolta.

El desastre ocurrió a las 2:10 p.m. del 7 de mayo, a solo 11 millas náuticas al sur de Irlanda. Uno de los numerosos submarinos alemanes que acechaban bajo las olas británicas, el SM *U-20,* comandado por Walther Schwieger, disparó un solo torpedo, logrando un impacto directo en el RMS *Lusitania.* Al igual que el *Titanic,* se esperaba que el *Lusitania* tardara horas en hundirse en caso de algún daño, lo que daba tiempo a los pasajeros para evacuar a un barco de rescate a través de botes salvavidas. Para sorpresa de todos, el fatal impacto del submarino alemán hundió el barco en ocho minutos.

La razón probable por la que el barco se hundió a las profundidades tan rápido y sufrió tal daño por un solo torpedo fue una segunda explosión que sacudió el buque poco después del impacto. El casco de la nave quedó completamente devastado, y se inclinó sobre un lado en un ángulo muy agudo en poco tiempo, causando un completo caos en los seis pisos de la nave. A pesar de los mejores esfuerzos de la tripulación, no había tiempo suficiente para organizar una evacuación efectiva. Solo unos pocos de los 48 botes salvavidas del barco lograron cargar pasajeros y botar.

Controversias y ramificaciones

Uno de los efectos más inmediatos cuando se conoció la noticia de la desaparición del RMS *Lusitania* fue que el desastre abrió los ojos de la gente a nuevas realidades de la guerra. La Primera Guerra Mundial todavía se recuerda como la guerra que rompió todas las ilusiones y el romanticismo de la humanidad sobre la guerra, y el *Lusitania* fue solo uno de los episodios de ese proceso. El mundo quedó conmocionado al descubrir que la guerra había llegado a un punto en el que incluso los transatlánticos civiles podían ser atacados como cualquier buque militar, sin tener en cuenta a los cientos o miles de pasajeros a bordo. La indignación fue global, con notas de protesta provenientes incluso de los aliados de Alemania.

Lejos de la supuesta valentía caballerosa del combate en el siglo XIX, la guerra ya no era algo que se resolviera entre dos ejércitos en un campo de batalla en algún lugar fuera de la vida normal y cotidiana. De hecho, la guerra era ahora una fuerza destructiva imparable que se filtraba a través de todo, invadiendo todas las áreas de la vida civil, para nunca más ser ignorada o idealizada. Para muchos observadores, las últimas nociones de algo honorable o romántico en la guerra se hundieron con las 1.195 almas que se hundieron con el *Lusitania.*

Más allá de la conmoción y la indignación moral, el hundimiento causó enormes reverberaciones geopolíticas. El hundimiento de este transatlántico británico fue particularmente relevante para el debate en curso sobre la controvertida neutralidad de Estados Unidos bajo el presidente Woodrow Wilson en la Primera Guerra Mundial. El país buscaba evitar involucrarse en el último episodio de matanza masiva de Europa, con la mayoría de la opinión pública de acuerdo en que Estados Unidos debería mantenerse al margen.

Sin embargo, las voces a favor de la intervención crecieron con el tiempo, lo que llevó a la aparición del movimiento de preparación. Esta fue la principal campaña estadounidense que apoyó la participación del país en la Gran Guerra, con defensores notables como Leonard Wood y el ex presidente Theodore Roosevelt. Inicialmente, el movimiento se centró en aumentar la preparación para el combate de Estados Unidos, pero también comenzó a funcionar como un grupo de presión para que Washington se uniera al esfuerzo bélico del lado de los aliados de la Entente.

Cuando 123 estadounidenses perecieron con el *Lusitania,* la indignación subsiguiente hizo que muchos estadounidenses vieran a Alemania bajo una nueva luz. La mayoría de los historiadores están de acuerdo en que no es justo evaluar el hundimiento como la razón principal por la que Estados Unidos se unió a la guerra, pero el incidente sin duda jugó un papel importante en la movilización de la opinión pública contra Alemania y las Potencias Centrales. Aun así, tendrían que pasar otros dos años para que Estados Unidos entrara oficialmente en el conflicto en 1917. Sin embargo, esto no fue por falta de intentos, ya que los partidarios de la guerra utilizaron ampliamente el desastre de *Lusitania* en sus esfuerzos de propaganda. Sin embargo, la incuestionable atrocidad no fue tan clara como la retrataron algunos.

En el momento de su hundimiento, el *Lusitania* no había sido oficialmente requisado por la marina. Esto se convirtió en un importante punto de discordia en la controversia que siguió a la destrucción del barco. Los alemanes argumentaron que sus acciones eran completamente legales de acuerdo con las leyes y costumbres de la guerra. Por un lado, designaron y anunciaron esas aguas específicas como zona de guerra, dando una clara advertencia a la navegación civil. También enfatizaron que el transporte de municiones del barco lo convertía en un objetivo legítimo para sus submarinos.

Desde el punto de vista legal, el *Lusitania* estaba autorizado a transportar municiones de armas pequeñas, especialmente porque no eran explosivas, a granel. Los transatlánticos podían transportar dicha carga sin estar registrados como buques militares, y *la carga del RMS Lusitania* se declaró en el manifiesto según las regulaciones. Sin embargo, esas líneas finas se difuminan en tiempos de guerra, y Alemania mantuvo sus argumentos a pesar de que se disculpó por el incidente. La responsabilidad de este horrible desastre marítimo sigue siendo objeto de controversia hasta el día de hoy.

El debate ha producido una amplia gama de interpretaciones y algunas teorías que están en el lado más salvaje. Algunos creen que fue simplemente un malentendido y nada más que una de las muchas tragedias de esa terrible guerra. Otros vieron y siguen viendo el hundimiento como un acto malicioso por parte de Alemania. También están los pocos con una perspectiva más conspirativa sobre el incidente, argumentando que podría haber sido una decisión cuidadosamente calculada y deliberada de enviar al *Lusitania* a su desaparición para ayudar a dirigir la opinión pública de Estados Unidos hacia la guerra.

El desconcertante incidente de Tunguska

El evento de Tunguska se refiere a una explosión espontánea de proporciones épicas que tuvo lugar en las partes remotas de Siberia el 30 de junio de 1908. Se estima que el rendimiento de la explosión fue de entre tres y cinco megatones, lo que equivale a entre tres y cinco millones de toneladas de TNT. Tal rendimiento haría que la explosión fuera igual a una ojiva nuclear bastante poderosa. En comparación, las dos armas atómicas lanzadas sobre Japón en 1945 produjeron comparativamente 15 y 21 kilotones.

La verdadera potencia de la explosión es difícil de determinar hoy en día porque los instrumentos disponibles para los investigadores en 1908 eran muy limitados, por lo que no quedaban mediciones definitivas en los registros. Por lo tanto, la potencia de la explosión se estimó en los tiempos modernos en función de los daños que se produjeron, y las estimaciones más extremas llegaron hasta los 30 megatones.

Explosión espontánea en medio de la nada

Geográficamente hablando, el evento de Tunguska tuvo lugar en Asia, pero dado que Siberia era y sigue siendo parte de Rusia, la explosión ha entrado en los anales de la historia europea. Ha sido reflexionado por científicos y otras mentes curiosas en toda Europa y más allá. Las muchas preguntas que rodean el evento persisten hasta el día de hoy, no solo en los círculos científicos, sino también en la cultura popular.

La explosión arrasó completamente un área de 830 millas cuadradas (2.150 km2), arrasando alrededor de 80 millones de árboles[24]

La explosión ocurrió a las 7:17 de la mañana, no lejos del río Podkamennaya Tunguska en la gobernación de Yeniseysk, llamada Krai de Krasnoyarsk en la actual Rusia. A través de vastas extensiones siberianas que la mente humana difícilmente puede comprender en su verdadera escala, el desierto profundo de Siberia es una de las áreas más escasamente pobladas del planeta. Fue solo gracias a la lejanía del lugar que la explosión resultó en solo tres muertes, según las estimaciones más precisas basadas en informes de testigos oculares igualmente escasos. Los bosques de la taiga en el este de Siberia no tuvieron tanta suerte como la gente, ya que la explosión arrasó por completo un área de 830 millas cuadradas o 2.150 km^2, arrasando alrededor de 80 millones de árboles.

A pesar de la increíble potencia de la explosión, no se encontró ningún cráter, por lo que fue muy difícil para los investigadores en 1908 determinar si la explosión fue causada por un meteorito, un evento geofísico o algo completamente diferente. Los exploradores que llegaron por primera vez a la escena pudieron ver poco más que kilómetros y kilómetros de árboles aplastados, lo que debe haber sido una vista apocalíptica. Ver tal carnicería y ninguna señal clara de lo que podría haberla causado, ciertamente habría desconcertado incluso a las mentes

---

82

científicas más astutas de hoy, y mucho menos en 1908.

El evento de Tunguska no puede clasificarse como un error típico, ya que las causas provocadas por el hombre podrían descartarse fácilmente. Por otro lado, el fracaso constante de la humanidad para explicar, más allá de toda duda, lo que pudo haber causado este desastre espontáneo, aparentemente natural, definitivamente está en su propia categoría de error. Durante décadas después del incidente, los investigadores tenían muy poco que hacer, pero los estudios han producido más de 1.000 artículos científicos, principalmente en ruso, pero también en otros idiomas. Los relatos de testigos oculares y las descripciones de lo que sucedió han sido bien registrados y preservados hasta el día de hoy.

Los pocos informes que estaban disponibles compartían bastantes temas comunes en cuanto a lo que se podía ver en el área y el cielo durante el evento. Un intenso haz de luz era comúnmente reportado, descrito como de un tono azul y casi tan brillante como el sol. La luz parecía moverse por el cielo, dejando tras de sí un rastro. A medida que la luz se acercaba al horizonte, los testigos describieron un destello cegador y una erupción masiva de fuego que pareció dividir el cielo en dos. Todo el horizonte se tiñó de rojo cuando la columna de fuego se elevó hacia arriba. La columna vertical de fuego también se dividió en dos y se desvaneció gradualmente, dejando una sombra negra en su lugar, probablemente humo.

Lo que demuestra la enormidad del impacto fue el hecho de que el sonido de la explosión tardó unos diez minutos en llegar a algunos de los espectadores. Las ondas de choque siguieron de cerca el sonido, tirando al suelo a los testigos más cercanos y rompiendo las ventanas de las casas a cientos de kilómetros de distancia. Las reverberaciones sísmicas de la explosión, que ahora se cree que fue una explosión de aire, se detectaron en toda Eurasia. Las perturbaciones del flujo de aire provocadas por las ondas de choque ocurrieron en lugares tan lejanos como las actuales Yakarta y Washington, DC. Más extraño aún era el brillo persistente en el cielo nocturno que se podía observar durante días en Europa y Asia. Según algunos informes de la época, la gente en Suecia y Escocia podía tomar fotografías en la oscuridad de la noche sin usar flashes, una hazaña imposible para las cámaras en 1908.

Teorías y especulaciones

Hoy en día, se teoriza que la luz persistente después de la explosión fue el resultado de la luz que pasó y se refractó a través de partículas de hielo a grandes altitudes. Se cree que las propias partículas fueron el resultado de la explosión. Esta teoría es relativamente reciente, basada en fenómenos similares observados durante la entrada de los transbordadores espaciales en la atmósfera.

La idea bastante sólida de que la explosión fue una ráfaga de aire de un objeto después de entrar en la atmósfera de la Tierra se basa principalmente en el hecho de que nunca se encontró ningún cráter de impacto. Para un objeto con un tamaño lo suficientemente grande como para producir tal devastación, el cráter habría sido significativo. Las principales teorías sobre lo que podría haber causado esta explosión en el aire tienen que ver principalmente con diferentes tipos de desechos espaciales que ingresan a la atmósfera y se queman violentamente antes de golpear la superficie.

La falta de fragmentos en el yacimiento ha sido uno de los mayores problemas a la hora de determinar qué tipo de objeto era. Esta es la razón por la que una teoría de larga data identificó a un cometa, generalmente hecho de hielo y polvo espacial, como el culpable. Otras teorías sugerían un asteroide, que es un objeto más duro hecho de roca y metal, o un meteorito, los cuales generalmente se queman a medida que atraviesan la atmósfera. Solo en 2013 los científicos pudieron identificar micromuestras potencialmente extraterrestres del objeto desintegrado, aunque el trabajo está en curso. Se han presentado varias estimaciones sobre el tamaño potencial de este objeto, generalmente colocándolo en alrededor de 160 a 200 pies de ancho, que es alrededor de 50 a 60 metros. A pesar de todo su poder destructivo, un asteroide así habría sido minúsculo en comparación con el asteroide Chicxulub, una monstruosidad del espacio exterior que acabó con los dinosaurios y dejó un cráter de 120 millas.

Aunque la hipótesis del asteroide es generalmente aceptada hoy en día, la falta de respuestas claras y sencillas ha dado lugar a leyendas, teorías descabelladas y especulaciones interminables por parte de curiosos de todo el mundo. Una leyenda local entre los nativos evenki habla de los orígenes sobrenaturales de la explosión. Un presunto testigo llamado Akulina creía que la explosión fue obra de Agda, el dios local del trueno. Para el resto de la tribu Evenki, el sitio alrededor de la zona cero se convirtió en un lugar sagrado después de la explosión. Algunos relatos incluso hablaron de conflictos entre los nativos y los científicos soviéticos que se presentaron para realizar investigaciones después del incidente.

Los extraterrestres son otro culpable popular en varias teorías, especialmente en la cultura popular moderna. El escritor ruso Alexander Kazantsev propuso la hipótesis de que la explosión fue una detonación nuclear basándose en sus comparaciones con la devastación que había presenciado en Hiroshima, que visitó personalmente. Dado que la humanidad en 1908 todavía estaba bastante lejos de desarrollar armas nucleares o aprovechar la energía nuclear, Kazancev teorizó que una nave espacial alienígena de propulsión nuclear explotó sobre Siberia. Las teorías descabelladas que involucran tecnologías humanas secretas, como el teórico "rayo de la muerte" de Nikola Tesla, también son abundantes. Añadiendo combustible a esta teoría en particular está el hecho de que Tesla estaba experimentando con tales ideas en la época del evento de Tunguska, intentando transferir energía de forma inalámbrica a largas distancias para usarla como un arma defensiva potencial.

Teorías descabelladas y misterio aparte, el evento de Tunguska es una de las mejores lecciones que la naturaleza le ha dado recientemente a la humanidad sobre cuán vulnerables son este planeta y sus habitantes a los objetos que se extravían en el espacio. Si el objeto Tunguska hubiera detonado sobre una ciudad importante, el número de muertos podría haber sido de millones. Aún más aterrador es el tamaño relativamente pequeño del supuesto objeto en comparación con algunos de los otros asteroides y meteoritos que han golpeado la Tierra a lo largo de los eones. Un recordatorio similar se produjo el 15 de febrero de 2013, cuando se produjo una pequeña explosión de aire sobre el óblast de Cheliábinsk, en el sur de Rusia. El meteorito no tenía más de 66 pies de diámetro y su explosión produjo alrededor de 500 kilotones. Cerca de 1.500 personas resultaron heridas y más de 7.000 edificios resultaron dañados o destruidos en este incidente bien documentado.

Capítulo 9: Las cenizas de Pompeya y las llamas de Hindenburg

Las catástrofes ardientes han sido particularmente bien recordadas a través de los innumerables errores y desastres a lo largo de la historia. Las erupciones volcánicas, por ejemplo, tienen un lugar especial en la cultura popular y la ficción, así como en la historia escrita. Este tipo de desastre natural inspira miedo y asombro en los seres humanos a un nivel primordial, y con razón. Tales erupciones pueden reconfigurar el terreno, hacer que las regiones sean inhabitables y causar estragos incalculables en áreas pobladas.

Sin embargo, esto no ha impedido que la gente construya sus asentamientos cerca de los volcanes. Es una conversación que ha aparecido una y otra vez durante miles de años, siendo la destrucción de Pompeya en el año 79 d. C. un ejemplo ampliamente citado. Si bien los desastres naturales pueden dejar desiertas y no aptas para la vida zonas anteriormente prósperas, las catástrofes provocadas por el hombre pueden producir efectos similares. Un solo accidente a veces puede alterar la forma en que se desarrolla la tecnología, cerrando industrias enteras. El desastre del dirigible *Hindenburg* ilustra cómo un fatídico día en el transporte aéreo dañó irremediablemente a toda una industria. La desaparición del *Hindenburg* también demostró el poder del vídeo en la formación de la opinión pública.

Pompeya y la erupción del Vesubio

Por lo general, las personas no establecen sus asentamientos junto a volcanes activos. La mayor parte del tiempo, el volcán está inactivo y parece como cualquier otra montaña. Los volcanes que permanecen inactivos pueden estar inactivos durante mucho tiempo, y generaciones de personas que viven a su alrededor no tienen idea del peligro que acecha debajo de las rocas. La tecnología moderna permite a la humanidad predecir la actividad volcánica con mucha más precisión, pero hace miles de años, las personas tenían poco más que terremotos para advertirles con anticipación. Tal fue la historia de Pompeya, una antigua ciudad romana en la actual Campania, Italia. Los restos de este asentamiento que alguna vez fue próspero, y otros en sus proximidades, se han conservado muy bien a lo largo de los milenios, contando historias increíbles a los arqueólogos.

La joya de la Campania romana

Los primeros colonos durante la Edad del Bronce no eligieron el área alrededor del monte Vesubio por casualidad[25]

Los primeros colonos durante la Edad del Bronce no eligieron el área alrededor del Monte Vesubio por casualidad. El clima era muy agradable y el suelo volcánico proporcionaba un terreno fértil para las actividades agrícolas. En lo que respecta a los colonos, se trataba de una propiedad inmobiliaria de primera clase en la desembocadura del río Sarno, con una montaña imponente pero dócil al fondo. Sin embargo, las interpretaciones de los antiguos mitos griegos sobre la zona podrían haber dado a los romanos una idea del tumultuoso pasado de la región.

Las leyendas hablaban de Hércules y su épica lucha con los gigantes locales en un contexto de fuego e infierno. No se puede saber con certeza si los griegos estaban hablando de una erupción previa del Vesubio, y las interpretaciones imprecisas de los mitos y leyendas antiguas difícilmente habrían disuadido a la gente de aprovechar condiciones tan favorables para construir un asentamiento. Aun así, la epopeya hercúlea era una historia muy conocida en la zona, ya que una de las ciudades vecinas de Pompeya se llamaba Herculano, inspirada en el héroe griego.

Una ciudad permanente comenzó a tomar forma con las primeras colonias griegas en Campania durante el siglo VIII a. C., con otros pueblos antiguos como los etruscos también dejando su huella. Los griegos finalmente sometieron a tales contendientes en el siglo V a. C. mientras continuaban desarrollando la ciudad. Sin embargo, el asentamiento fue un objetivo frecuente de incursiones por parte de la gente samnita local, que gradualmente presionó a la ciudad para que se sometiera, junto con el resto de la región. Con el tiempo, la zona cayó en el caos y las luchas internas, lo que proporcionó una ventana de oportunidad para que los romanos comenzaran a llegar y aumentar su influencia.

Después de un período de rebeldía en el que la ciudad dominada por los samnitas buscó una mayor independencia de Roma, la ciudad fue puesta bajo control militar por Sila en el año 80 a. C. Miles de legionarios romanos se asentaron en la ciudad, y pronto siguieron importantes proyectos de construcción, convirtiendo la ciudad en un bullicioso centro de actividad política y económica. Los suburbios de la campiña circundante también se desarrollaron, con numerosas villas donde la nobleza romana se quedaba de vacaciones. La población de Pompeya propiamente dicha era probablemente de hasta 12.000 habitantes, con la misma cantidad de personas viviendo en los suburbios alrededor de la ciudad. Lujosas casas de vacaciones salpicaban la costa de Campania, cuidadosamente construidas para dar a los veraneantes de élite vistas al mar.

Sin embargo, Pompeya era mucho más que un lugar de vacaciones. La ciudad era un puerto regional crucial que servía como centro de exportación de productos de los asentamientos cercanos. Los productos agrícolas, los productos finos como el aceite de oliva y el vino, y materiales como la lana, los animales y mucho más salían del puerto de Pompeya y se exportaban a todo el vasto imperio. Asimismo, las importaciones jugaron un papel importante en la actividad económica de este puerto esencial. Los arqueólogos y otros investigadores han podido determinar mucho más sobre la vida cotidiana de las personas que viven en Pompeya. La abundancia y variedad de alimentos, por ejemplo, eran particularmente impresionantes para el mundo en ese momento.

Pompeya disfrutaba de lujos de infraestructura y comodidades como carreteras pavimentadas, varias tiendas, tabernas, escuelas, teatros, fuentes, parques, áreas públicas de ejercicio, templos, un anfiteatro con capacidad para 5.000 personas y mucho más. Los restos de varias viviendas muestran que la población estaba dividida en clases, con viviendas asequibles para los pobres sorprendentemente diferentes de los domicilios de los ricos. La ciudad también albergó una importante población de esclavos, como era la costumbre romana.

Las villas de Pompeya disfrutaban de todos los lujos y comodidades concebibles que la vida mundana podía ofrecer hace dos milenios[26]

Las villas de Pompeya disfrutaban de todos los lujos y comodidades concebibles que la vida mundana podía ofrecer hace dos milenios. A

89

falta de electricidad e Internet, estas lujosas casas tenían todas las comodidades y fueron diseñadas, construidas y decoradas con una habilidad increíble y un agudeza por el detalle. Los esclavos, que podrían haber constituido hasta un tercio de la población de Pompeya, no tuvieron tanta suerte. Sus viviendas eran estrechas, rudimentarias y se parecían poco más que a una prisión.

Ira de la Tierra

Pompeya continuó prosperando hasta el 5 de febrero del año 62 d. C., cuando el Vesubio, previamente dormido, comenzó a retumbar. Los temblores premonitorios indicaron que la montaña estaba a punto de despertar de su largo sueño, pero el terremoto subsiguiente hizo más que advertir a la gente. Toda la región inmediata alrededor del monte Vesubio experimentó una gran devastación, con algunos daños hasta Nápoles. La propia Pompeya fue devastada, y la mayoría de las estructuras de la ciudad, incluidas las murallas defensivas, sufrieron daños o se derrumbaron. El terremoto y los incendios que lo acompañaron causaron víctimas significativas, tal vez miles. De manera ominosa, el ganado de la zona comenzó a morir debido al envenenamiento por la liberación de gases subterráneos, lo que demuestra que se trató de algo más que un poderoso terremoto.

Sin embargo, los terribles azotes que la tierra descargaría sobre las ciudades alrededor del Vesubio vendrían más tarde. La erupción final ocurriría unos 17 años más tarde, dando a Pompeya el tiempo suficiente para reconstruir y restaurar la vida, aunque una parte de la población se fue a raíz del terremoto. Durante ese tiempo, el volcán continuó insinuando a la población local que no volvería a dormirse, pero no ocurrieron terremotos ni erupciones importantes. Los decididos romanos que se quedaron y trataron de restaurar la antigua gloria de la ciudad ignoraron en gran medida el temblor ocasional, pero los signos de una fatalidad inminente se intensificarían en el verano de 79.

Ese fatídico verano, el río Sarno arrastró peces muertos, con manantiales naturales y pozos artificiales evaporados y viñedos marchitos. Con el equipo sismológico moderno, probablemente habría sido fácil predecir que una gran catástrofe estaba a punto de ocurrir, pero los romanos de Pompeya siguieron con sus asuntos incluso cuando los temblores débiles pero frecuentes se intensificaron. Lo inevitable ocurrió en algún momento a finales del verano o del otoño.

El proceso de erupción comenzó con una explosión cuando el magma presurizado debajo del cráter del Vesubio penetró en la superficie. Inicialmente, los espectadores de las ciudades circundantes fueron simplemente testigos de una gigantesca columna de humo que emergía de la montaña, probablemente perplejos pero aún ilesos. Sin embargo, la erupción final comenzó unas horas más tarde con otra explosión mucho más masiva. La cima de la montaña simplemente fue volada como si se tratara de una bomba nuclear subterránea, y una enorme nube en forma de hongo ascendió en su lugar. Según algunas estimaciones, el rendimiento de la explosión fue igual a unos 100.000 bombardeos atómicos de Hiroshima.

A medida que la imponente nube se cernía sobre toda la región a una altura de alrededor de 27 millas, las cenizas comenzaron a llover desde el cielo. En cuestión de minutos, Pompeya quedó cubierta por una gruesa capa de cenizas que no hacían más que crecer. Los residentes, presos del pánico, comenzaron a huir solo para evitar ser sepultados por la ventisca negra que amenazaba con sepultar toda la ciudad. Solo esta primera embestida acumuló una capa de ceniza cuya profundidad se midió en metros. Desafortunadamente, esta fue solo la primera ola, y aunque las cenizas enterraron la ciudad, al menos estaban formadas por partículas diminutas y livianas.

La segunda gran explosión ocurrió horas después, produciendo una descarga aún mayor de cenizas y escombros que volaron a una altitud mucho mayor. La descarga ya no era solo en forma de polvo fino, sino de rocas, algunas de ellas muy pesadas. La gente trató de buscar refugio donde pudo, pero el tremendo peso de las cenizas y los escombros acumulados pronto comenzó a derrumbarse edificio tras edificio. Antes de la medianoche, la enorme nube de descarga volcánica que se había formado sobre el Vesubio ya no podía soportar su propio peso.

Al colapsar sobre Pompeya y las ciudades circundantes, la nube liberó múltiples olas de cenizas y aire abrasadores y venenosos. Los habitantes de Pompeya, que aún estaban vivos y no lograron evacuar, estaban siendo asfixiados e incinerados al mismo tiempo que el volcán extinguió los últimos restos de vida en la ciudad. El Vesubio continuó arrojando oleada tras oleada de cenizas mucho después de la destrucción total de la ciudad. Para cuando el Vesubio terminó su crescendo apocalíptico, Pompeya simplemente fue borrada del mapa y enterrada con miles de sus habitantes. El continuo desprecio por las muchas señales de advertencia a lo largo de casi dos décadas finalmente había presentado sus resultados, pero el hecho de que Pompeya estuviera enterrada tan profundamente y tan rápido es una de las razones por las que se conservó tan bien. A medida que la naturaleza hizo mella en la humanidad en ese fatídico día, también presentó un regalo a largo plazo que se convertiría en una de las joyas de la arqueología moderna.

El desastre del Hindenburg

Al igual que el Titanic, el Hindenburg fue una de las maravillas de su época[27]

Al igual que el *Titanic,* el *Hindenburg* fue una de las maravillas de su época. Los viajes aéreos en el período de entreguerras todavía eran una novedad en muchos sentidos, pero la mayoría de la gente veía a los zepelines comerciales como el presente y el futuro de los viajes. A todos los efectos, los viajes a través del Atlántico a bordo de zepelines, también conocidos como dirigibles o simplemente dirigibles, se parecían a un viaje en un transatlántico, excepto en el aire. Una de las principales ventajas de los dirigibles era que eran un medio de transporte mucho más rápido. El LZ 129 *Hindenburg* podía cruzar el océano en la mitad del tiempo que requerirían los transatlánticos más rápidos. El principal inconveniente era la capacidad de pasajeros mucho menor, pero dado el destino catastrófico de la aeronave, esta deficiencia resultó ser una bendición disfrazada.

Un Leviatán suspendido en el aire

En el momento en que el *Hindenburg* encontró su muerte prematura en 1937, los viajes aéreos comerciales a través de dirigibles habían estado ocurriendo durante alrededor de 30 años, con miles de vuelos exitosos. De manera similar a cómo se desarrollaron los transatlánticos en la época del *Titanic,* los dirigibles más nuevos pusieron más énfasis en varios lujos y comodidad para los pasajeros. El Hindenburg, que ya se ha asegurado el título de la forma más rápida de cruzar el Atlántico, podría centrarse en hacer que el viaje sea lo más cómodo y opulento posible para los clientes de la aerolínea alemana DZR. Los diseñadores y constructores de la compañía alemana Zeppelin concibieron cada viaje como algo no muy diferente de una estancia en un hotel de lujo. Los pasajeros tenían sus propias cabinas cómodas, lo que es imposible en el modo de transporte aéreo más popular de la actualidad. El *Hindenburg* incluso tenía un comedor que era esencialmente un restaurante, con un amplio salón y un piano. Para la Alemania nazi de antes de la guerra, este elegante complejo turístico era mucho más que un avión de transporte. Era un símbolo de la impresionante ingeniería y el prestigio de Alemania, llevando ese mensaje no solo a los Estados Unidos, sino a través de América del Norte y del Sur.

El *Hindenburg* fue el buque líder de su clase homónima. Era una aeronave rígida, lo que significaba que su cuerpo flotante o envoltura estaba sostenido por un esqueleto interior, un marco que ayudaba a mantener su forma. Este tipo de construcción de dirigibles contrasta con la de dirigibles, generalmente más pequeños y simples, cuyas envolturas conservan su forma, gracias a la presión del gas flotante que llena el aerostato. El LZ 129 *Hindenburg* era un enorme coloso flotante. Con una longitud de poco más de 803 pies (245 m), era la máquina más grande que la humanidad había puesto en el aire y la aeronave más grande de la historia por el volumen de su envoltura.

Sin embargo, tenía un defecto fatal. La aeronave se llenó y se mantuvo a flote con 7 millones de pies cúbicos (200.000 metros cúbicos) de hidrógeno, un gas flotante pero altamente inflamable. En el momento de la construcción del *Hindenburg* , las dos opciones principales para elevar gases en dirigibles eran el hidrógeno y el helio. El helio era una opción mucho más segura, ya que no era inflamable, lo cual era una ventaja de seguridad de la que los constructores de dirigibles eran muy conscientes. Desafortunadamente, el helio es un gas raro y muy caro. De hecho, era tan apreciado que Estados Unidos aprobó la Ley de Control del Helio de 1927, que prohibía su exportación. Como el helio generalmente se obtenía solo de unos pocos campos petrolíferos selectos en los EE. UU., Alemania ya no podía acceder a él.

El hidrógeno era una opción mucho más barata disponible para todos los países industrializados, y tenía el beneficio adicional de ser más liviano, lo que le daba más sustentación al gas. Incluso aquellos dirigibles estadounidenses que utilizaban helio estaban sujetos a estrictas regulaciones que exigían un gran cuidado y conservación en el uso de este gas. Como resultado, el hidrógeno, infinitamente más barato y ligero, parecía una opción obvia para los constructores de dirigibles que estaban dispuestos a asumir el riesgo de seguridad.

La compañía Zeppelin todavía trató de adquirir helio, incluso comenzando la construcción del *Hindenburg* con el gas más seguro en mente. Su esperanza era adquirir una licencia estadounidense de helio en algún momento durante la construcción, pero la prohibición de exportación se mantuvo firme. Por lo tanto, el trabajo inicial tuvo que ser desechado, lo que obligó a los constructores a comenzar de nuevo y construir el dirigible para hidrógeno. Las dos medidas principales que tomaron los constructores para hacer que la aeronave fuera más segura fueron cubrir el cuerpo del dirigible con una capa gruesa de materiales no inflamables y separar el aerostato en compartimentos de gas.

Un desastre histórico captado por la cámara

Aunque las áreas de descanso en el *Hindenburg* incluían una sala de fumadores a pesar de la enorme cantidad de gas altamente inflamable en el techo, no fue un cigarrillo perdido lo que causó el desastre. De hecho, la causa exacta que desencadenó la espectacular incineración de Hindenburg sigue siendo objeto de controversia hasta el día de hoy. Además, los que estaban a bordo de la nave todavía estaban sujetos a una serie de reglas para fumar, y los riesgos asociados con el tabaquismo se habían abordado en el diseño de la aeronave.

El fatídico vuelo *del Hindenburg* comenzó el 3 de mayo de 1937. El enorme dirigible llegó a Boston el 6 de mayo, después de lo cual se dirigió a la ciudad de Nueva York. En horas de la tarde, la aeronave llegó a NAES Lakehurst, una estación aeronaval en Nueva Jersey, que era su destino final. El capitán de la aeronave, Max Pruss, estaba preocupado por las condiciones climáticas que había encontrado allí, que podrían haberse evitado si su aeronave no se hubiera retrasado casi un día entero debido a los fuertes vientos sobre Terranova. El clima

---

94

desfavorable en Nueva Jersey complicó un posible desembarco. El capitán y su tripulación decidieron pasar unas horas flotando a lo largo de la costa de Nueva Jersey mientras esperaban información sobre cualquier mejora en el clima.

La tregua del mal tiempo no fue más que un respiro pasajero, por lo que se aconsejó al capitán que desembarcara el *Hindenburg* lo antes posible. Lo que siguió fue un complicado proceso de lidiar con vientos volubles mientras intentaba mantener la cola de la aeronave recta a pesar de su inexplicable pesadez. Tratando de nivelar la nave a medida que descendía, la tripulación expulsó estratégicamente partes del gas y el agua del cuerpo de la aeronave, pero la cola siguió cayendo casi todo el proceso. Los vientos se levantaron y el *Hindenburg* se vio obligado a realizar maniobras drásticas mientras descendía a la zona de amarre. Es probable que uno de los cables de refuerzo del cuerpo de la aeronave se hubiera roto debido a la tensión infligida por esos giros bruscos, lo que provocó una brecha que inició una fuga de gas incontrolable en uno de los compartimentos. El *Hindenburg* logró acercarse a su mástil de amarre y soltar las cuerdas, pero la fuga de hidrógeno era un desastre a punto de ocurrir.

No se sabe con certeza qué causó la chispa que encendió el hidrógeno, pero la teoría predominante es que fue simplemente una descarga estática de la aeronave o una chispa eléctrica atmosférica, o una combinación de ambas. Se propusieron muchas otras teorías durante la investigación, incluido el sabotaje, pero una desafortunada combinación de factores espontáneos en una situación ya peligrosa es la respuesta más probable. Cualquiera que haya sido la causa de la chispa, la aeronave tardó segundos en comenzar a caer después de incendiarse.

La cola comenzó a colapsar sobre sí misma, y el fuego se extendió rápidamente a través de los compartimentos, contrariamente a las esperanzas de los diseñadores, lo que provocó una explosión masiva. Todo el asunto fue captado en video y ampliamente fotografiado, creando una conmoción generalizada y llenando el espacio de los medios de comunicación en el período siguiente. Un total de 35 personas murieron cuando el *Hindenburg* fue envuelto en un incendio masivo y se desmoronó hasta los cimientos, pero fue el material fotográfico y de video lo que realmente hizo que el desastre se mantuviera. A pesar del excelente historial de seguridad de los viajes en dirigible antes de ese punto, la gente simplemente no podía superar las horribles imágenes de una máquina voladora tan colosal quemándose.

Los viajes en dirigible están disponibles para los entusiastas hasta el día de hoy, pero el desastre del *Hindenburg* contribuyó en gran medida a su declive en la corriente principal. Los aviones pronto se convirtieron en el principal medio de transporte aéreo, a pesar de todas las comodidades y lujos que conlleva un viaje tranquilo en dirigible.

Capítulo 10: El Muro de Berlín y la catástrofe de Chernóbil

No hace falta remontarse siglos atrás en la historia europea para examinar los principales errores humanos que han dejado una huella irreversible en el mundo. En las últimas décadas, Europa ha sido testigo de grandes acontecimientos, algunos más catastróficos que otros, pero todos los cuales han alterado el curso de la historia no solo en el continente, sino en todo el mundo. A pesar de sus acontecimientos, la historia europea sigue produciendo cambios monumentales hasta el día de hoy.

Durante los últimos años de la Guerra Fría, las ondas de choque reverberaron en toda Europa en al menos dos ocasiones bien conocidas. El primero fue el infame desastre de Chernóbil, que creó un desastre ecológico masivo que podría haber sido mucho peor sin la intervención humana. El segundo fue un punto de inflexión político que se produjo con la caída del Muro de Berlín, marcando el comienzo de una serie de cambios que han dado forma directa a la vida en la Europa actual.

El microcosmos de la Guerra Fría en Berlín

El Muro de Berlín, como fenómeno histórico, no necesita presentación[28]

El Muro de Berlín, como fenómeno histórico, no necesita presentación. Fue construido en Berlín durante la Guerra Fría y sirvió como una línea de separación física y simbólica entre dos mundos muy diferentes y conflictivos. El conocimiento común y las percepciones populares suelen terminar con el propósito del muro y su eventual caída en 1989. Sin embargo, como siempre ocurre con los grandes acontecimientos históricos, hay muchos más matices en este muro ideológico y militar y en las pruebas de los berlineses durante la existencia del obstáculo.

Una barrera entre dos mundos

Nuestras vidas han perdido su espíritu.

Un petulante sentimiento de resignación se cierne sobre todos nosotros.

Estas fueron algunas de las descripciones de la vida que una residente de Berlín Oriental, Regine Hildebrandt, escribió en su diario a principios de la década de 1960, cuando comenzó la construcción. De hecho, el Muro de Berlín provocó muchas de estas emociones a ambos

98

lados de él durante su existencia. Era un recordatorio constante y diario de que incluso algo tan básico como el movimiento estaba restringido y sujeto al resentimiento ideológico entre dos bloques poderosos.

Los residentes de Berlín Occidental estaban esencialmente encajonados con un muro alrededor del perímetro, pero los ciudadanos de Alemania Occidental que vivían en el enclave aún podían viajar libremente al resto de la RFA o a cualquier otro país occidental o no alineado. Esto creó una situación peculiar en la que los alemanes orientales a menudo se sentían atrapados a pesar del hecho de que Alemania Oriental envolvía físicamente a Berlín Occidental. La barrera, junto con un intrincado sistema de fortificaciones, campos minados y guardias armados, duró casi 30 años.

Esta ominosa manifestación del cisma ideológico de la Guerra Fría en Europa fue consecuencia de los acontecimientos posteriores a la Segunda Guerra Mundial. Después de la capitulación de la Alemania nazi, el país fue ocupado por los aliados occidentales y los soviéticos y dividido en cuatro zonas de control. Una parte oriental del actual territorio de Alemania cayó en manos de los soviéticos, mientras que el resto se dividió entre Estados Unidos, Reino Unido y Francia. El control sobre el país derrotado fue consolidado por los dos bloques emergentes en 1949, lo que llevó al establecimiento de dos estados alemanes. La parte oriental, más pequeña, se convirtió en la República Democrática Alemana (RDA), mientras que el resto pasó a la República Federal de Alemania (RFA), que pasó a ser conocida como Alemania Occidental.

Si bien Berlín fue capturada por los soviéticos y sus aliados orientales al final de la guerra, se acordó que esta importante ciudad en el este también se dividiría en cuatro zonas. Al igual que el país, esta mezcolanza de zonas de seguridad aliadas se reorganizó en una parte oriental y otra occidental un par de años después de la guerra. No pasó mucho tiempo después de la guerra para que Europa entrara en una nueva fase turbulenta, y la Guerra Fría estaba en pleno apogeo en un par de años. El primer gran enfrentamiento se produjo en 1948 cuando los soviéticos bloquearon Berlín Occidental cortando todo el tránsito a través de Alemania Oriental. La crisis fue provocada por las preocupaciones soviéticas sobre la introducción de la nueva moneda alemana por parte de los Aliados en Berlín Occidental. Después de casi un año de bloqueo, en el que los aliados tuvieron que lanzar suministros desde el aire para los ciudadanos de Berlín Occidental, se levantó el bloqueo.

Si bien la crisis finalmente se resolvió, el bloqueo fue una señal de lo que vendría. Los bloques liderados por Estados Unidos y la URSS no podían ponerse de acuerdo ni siquiera en cuestiones económicas básicas como la moneda, y por lo tanto, la insostenibilidad de la situación se hizo evidente para todos. A lo largo de la Guerra Fría, el Berlín dividido y la frontera interestatal entre Alemania Oriental y Occidental se convirtieron en un importante punto de conflicto. Durante décadas, todo el continente y gran parte del mundo vivieron con el temor constante de que la OTAN y el Pacto de Varsovia acabaran llegando a las manos en esta ciudad dividida, llevando al mundo a un Armagedón nuclear.

A pesar de que el Muro de Berlín se construyó a toda prisa, no se erigió únicamente por rencor o simple odio, aunque estos factores jugaron su papel. En realidad, la construcción era un signo de desesperación más que otra cosa. Para el bloque comunista del Este, Berlín Occidental era una espina clavada constante. Interfirió económicamente y constituyó un riesgo flagrante para la seguridad y la inteligencia. Es difícil imaginar que un enclave socialista controlado por los soviéticos hubiera sido recibido con los brazos abiertos en algún lugar del corazón de Europa Occidental durante la Guerra Fría. La Cuba posrevolucionaria, como baluarte comunista a las puertas de Estados Unidos, tiene una larga historia de demostrar ese punto.

En términos prácticos, Alemania Oriental tenía una serie de otras razones para intentar construir una barrera hacia Occidente. Después de la Segunda Guerra Mundial, era un país devastado y paralizado por problemas económicos y disturbios. No tenía forma de competir con Alemania Occidental, mucho más grande, y con toda la ayuda que recibía de Occidente. En un momento en que se suponía que Alemania Oriental debía reconstruirse y desarrollarse, tuvo que hacer frente a una fuga masiva de cerebros, perdiendo a miles de jóvenes superdotados que emigraban a Occidente. Lo mismo ocurría con los trabajadores menos calificados, que eran igualmente necesarios para el esfuerzo de reconstrucción. Esta fue probablemente la razón principal por la que los comunistas decidieron construir un muro que, por una vez en la historia, estaba destinado a mantener a la gente dentro. Según los funcionarios comunistas de todo el Bloque del Este, el propósito del muro era proteger a la población de los "elementos fascistas", impidiendo la voluntad del pueblo a través de la interferencia maligna.

La caída y el legado

El Muro de Berlín logró eliminar casi toda la emigración, por lo que ciertamente no fue un error garrafal en ese sentido. Su mera existencia, sin embargo, simbolizaba un error histórico mucho mayor de un sistema que no logró retener a su pueblo. Incluso durante las décadas de la barrera, los ciudadanos decididos seguían intentando entrar en Berlín Occidental con gran riesgo para sus vidas. La amplia brecha que corría a lo largo de toda la muralla como zona de seguridad bajo la atenta mirada de los guardias de la torre finalmente se llamó la "franja de la muerte" por esa misma razón.

De unas 100.000 personas que intentaron cruzar, solo unas 5.000 lo lograron. La mayoría del resto fueron arrestados, y entre 136 y 200 fueron asesinados a tiros mientras escapaban. A medida que pasaba el tiempo, los posibles fugitivos se dedicaron a acrobacias cada vez más atrevidas y creativas, como túneles, globos aerostáticos y viajes ilícitos en tren.

La aparición del muro fue repentina e impactante para muchos berlineses. Comenzó con barreras y puestos de control en la madrugada del 13 de agosto de 1961, y se colocó en los puntos de entrada entre Berlín Occidental y Oriental. Los puntos fuertes y las cercas iniciales dieron paso rápidamente a muros de hormigón, que finalmente crecieron a 96 millas de longitud total. A pesar de las protestas internacionales generalizadas y de algunas situaciones de seguridad tensas, nadie pudo detener a la RDA respaldada por los soviéticos.

El colapso final del muro fue casi tan repentino como su construcción, con un período previo igualmente prolongado y tumultuoso. A finales de la década de 1980, el deseo de democratización se apoderó de muchas sociedades del Bloque del Este, y Alemania fue un punto caliente particularmente intenso. A raíz de las políticas de liberalización de Gorbachov en la URSS, surgieron manifestaciones masivas, y la gente exigió reformas generalizadas. Por encima de todo, los berlineses querían libertad de movimiento. El Muro de Berlín absorbió la mayor parte de ese desprecio como un símbolo opresivo de larga data de la Cortina de Hierro. Entre los manifestantes, algunos de los activistas alemanes también se atrevieron a soñar con una Alemania reunificada e independiente.

Las cosas llegaron a un punto crítico cuando Günter Schabowski, un alto funcionario comunista de Berlín Oriental, sucumbió a la presión de las protestas el 9 de noviembre de 1989. Tenía la intención de llegar a un compromiso proclamando que el gobierno introduciría amplias reformas en materia de viajes. Sin embargo, las protestas habían alcanzado el punto de ebullición de la emoción en ese momento, y muchas personas malinterpretaron las palabras de Schabowski como un anuncio de que la frontera ahora estaba completamente abierta. Lo que pretendía ser una reforma gradual se convirtió inmediatamente en una oleada masiva de personas que pululaban por los cruces a lo largo del muro. La confusión y una falla en la comunicación paralizaron a los guardias fronterizos, que simplemente cedieron ante la multitud y abrieron las compuertas.

Multitudes de berlineses orientales y occidentales pronto se pusieron en contacto por primera vez en décadas, y se produjo una celebración generalizada. En medio del estallido del caos festivo, la gente simplemente comenzó a derribar el muro con las herramientas que tenían disponibles, y el reconocimiento oficial pronto llegó. El colapso del muro es ampliamente considerado como el final de la Guerra Fría, y condujo a una reacción revolucionaria en cadena en todo el Bloque del Este.

Para alegría de la mayoría de los alemanes, el país fue reunificado al año siguiente. A pesar de su abierta oposición al Muro de Berlín y su postura antisoviética, algunos líderes occidentales vieron este cambio histórico con una ansiedad silenciosa. Por ejemplo, el presidente francés Mitterrand y la primera ministra británica Margaret Thatcher se opusieron a la destrucción del muro y, especialmente, a la eventual reunificación de Alemania. De hecho, Margaret Thatcher expresó sus preocupaciones a Gorbachov en septiembre de 1989, instándolo a detener la demolición del muro. Sin embargo, las ruedas de la historia estaban en movimiento, y cualquier cosa que no fuera un derramamiento de sangre no podía detener el proceso.

El apocalipsis local de Chernóbil

El accidente nuclear que golpeó la región de Chernóbil en la Ucrania soviética ese fatídico año es probablemente el desastre provocado por el hombre más famoso en el mundo actual[29]

Desde 1986, Chernóbil se ha convertido en un nombre familiar en todo el mundo, aunque no por una buena razón. El accidente nuclear que golpeó la región de Chernóbil en la Ucrania soviética ese fatídico año es probablemente el desastre provocado por el hombre más famoso en el mundo actual. Eso se debe en parte a que sucedió muy recientemente, pero la catástrofe y sus consecuencias de largo alcance fueron objetivamente lo suficientemente horrendas como para dejar su huella en la memoria humana colectiva. Según la Escala Internacional de Eventos Nucleares, la gravedad de la fusión de Chernóbil se ubica en el nivel más alto, siete. El reciente desastre de Fukushima en 2011 es el único otro accidente nuclear con el mismo dudoso honor.

Una bomba oculta en la planta

En lo que respecta a los errores humanos, el colapso de Chernóbil cumplió prácticamente todos los requisitos. La naturaleza no jugó nada en el desastre, y fue toda la humanidad de principio a fin. El desastre fue causado por un error humano en la operación, combinado con fallas fatales de diseño en los reactores RBMK de Chernobyl. Luego, después de que ocurrió el desastre, empeoró debido a una mala gestión y una serie de malas decisiones. Finalmente se resolvió y se contuvo, por supuesto, pero fue un viaje lleno de baches, por decir lo menos. Además de ser el peor desastre nuclear de la historia en tiempos de paz, Chernóbil también es considerado por algunos historiadores como un momento decisivo en las últimas etapas de la Guerra Fría, al igual que el Muro de Berlín.

Todo comenzó con lo que se suponía que iba a ser una sencilla prueba de reactor en la central nuclear de Chernóbil, entonces conocida como la central nuclear Vladimir Ilyich Lenin. El experimento se llevaría a cabo en el cuarto reactor de la central nuclear durante el mantenimiento regular el 25 de abril de 1986, bajo la supervisión del ingeniero jefe Anatoly Dyatlov. El propósito del experimento era determinar la posibilidad de enfriamiento del reactor en caso de que la planta de energía se quedara sin energía.

Dyatlov, muy probablemente motivado por su propio arribismo, quería llevar el reactor a sus límites, lo que provocó una negligencia grave y numerosas violaciones de los protocolos de seguridad. Esto llevó a un aumento repentino de la energía, lo que fue motivo inmediato de preocupación entre el personal. Las órdenes irresponsables de Dyatlov finalmente llevaron a una pérdida de control sobre la reactividad en el reactor cuatro. Sin embargo, él y sus subordinados creían que el reactor tenía un mecanismo de seguridad que le permitía abortar todo el proceso si las cosas se volvían demasiado inestables, y ese mecanismo de seguridad era el infame botón AZ-5. En circunstancias normales, el botón servía como una parada de emergencia que detendría el reactor al insertar inmediatamente todas las barras de control.

Dos factores fueron los principales responsables del desastre que ocurrió esa noche. En primer lugar, las circunstancias que surgieron como resultado del desprecio de Dyatlov por los protocolos de seguridad eran cualquier cosa menos normales. En segundo lugar, los reactores RBMK utilizados en la central nuclear de Chernóbil tenían un defecto de diseño fatal que probablemente fue el resultado de la reducción de costos durante su construcción. Las barras de control estaban hechas de boro, que es un elemento importante en la industria nuclear debido a su capacidad para absorber neutrones, lo que ralentiza la reactividad. Por lo general, los operadores insertarían algunas de las muchas barras de control de este tipo en un reactor nuclear a cierta profundidad cuando sea necesario.

El problema con las barras de control del cuarto reactor de Chernóbil, al igual que otros reactores RBMK en ese momento, era que sus puntas estaban hechas de grafito, lo que aumenta la reactividad. Cuando los operadores presionaron el botón AZ-5 para apagar el reactor furioso durante la oleada, las 211 barras de control con grafito en sus puntas se sumergieron en el reactor. El botón que estaba destinado a actuar como un mecanismo de seguridad se convirtió en un detonador. En el momento en que el grafito entró en el núcleo, el agua de enfriamiento se vaporizó en vapor, lo que no solo dejó al reactor sin su refrigerante, sino que también produjo una explosión de vapor.

La explosión infligió un extenso daño estructural al reactor, volando la enorme tapa del núcleo. Esto permitió que el oxígeno entrara en el núcleo. La reacción química subsiguiente produjo una segunda explosión, mucho más grande, que expuso completamente el núcleo. El reactor cuatro de Chernóbil comenzó inmediatamente a arrojar un flujo interminable de radiación extrema directamente a la atmósfera. Ninguno de los empleados de la planta podía entender lo que había sucedido o cómo era posible que un reactor RBMK explotara simplemente como una bomba porque eran ajenos a los defectos de su diseño.

El costo de las mentiras

El esfuerzo de liquidación fue dirigido por Boris Shcherbina, un alto funcionario del partido, asesorado por Valery Legasov y su comisión de investigación. Tanto la investigación como los esfuerzos para hacer frente al desastre se vieron obstaculizados desde el principio por la incompetencia, el secreto de Estado y la burocracia. La ciudad y la región de Chernóbil se encuentran no lejos de donde se encuentran las fronteras actuales de Rusia, Ucrania y Bielorrusia, por lo que el desastre fue una amenaza inmediata y grave para estas tres repúblicas soviéticas. Sin embargo, la magnitud de la radiación que se expulsaba a la atmósfera amenazaba a todo el continente. No pasó mucho tiempo antes de que se detectaran partículas radiactivas en lugares tan lejanos como Alemania y Suecia, y el incendio masivo en la central nuclear fue filmado por satélites estadounidenses.

Incluso después de que el mundo descubriera lo que estaba sucediendo, el gobierno soviético todavía trató de suprimir la mayor cantidad de información posible, lo que dificultó mucho el trabajo de los liquidadores. Hasta 24 horas después del desastre, algunos de los reactores que quedaban en la planta seguían funcionando. La negativa a aceptar la responsabilidad y las acusaciones entre los ingenieros y supervisores de la planta ralentizaron en gran medida la respuesta inicial. La evacuación de Prípiat, una ciudad de unos 50.000 habitantes justo al lado de la central nuclear, también se retrasó debido al secretismo.

La ciudad fue finalmente evacuada el 27 de abril, después de un día entero de residentes viviendo como si nada estuviera pasando, realizando sus actividades diarias junto a un volcán activo de radiación. Incluso durante la evacuación, se mantuvo a la población en la oscuridad en cuanto a la razón detrás de ella, diciéndole que era solo una medida temporal. Casi 40 años después, Prípiat es uno de los pueblos fantasmas más famosos del mundo. Las autoridades soviéticas reconocieron el accidente el 28 de abril, pero aún quedaba un espeso manto de misterio.

Afortunadamente, el reconocimiento significó que pudo comenzar una respuesta nacional en toda regla. El hecho de que se necesitara hasta el 4 de mayo para apagar el fuego dice mucho sobre la intensidad del colapso. Después de meses de limpieza, el área alrededor del reactor fue encerrada en un sarcófago para contener los escombros radiactivos. Alrededor de 335.000 personas en total fueron evacuadas de lo que se convirtió en la Zona de Exclusión de Chernóbil, que ocupa alrededor de 1.000 millas cuadradas de territorio cerrado con acceso limitado.

El número exacto de muertos ha sido notoriamente difícil de determinar. Menos de 50 víctimas podrían estar vinculadas directamente a las secuelas del desastre, 28 de ellas murieron por enfermedad aguda por radiación. Sin embargo, el número de muertes a largo plazo causadas por enfermedades crónicas es probablemente de miles. El accidente también causó estragos en el ecosistema local, provocando mutaciones y deformidades entre animales y plantas.

La zona se mantiene en pie hasta el día de hoy, y se estima que el área permanecerá inhabitable durante unos 20.000 años. No es que nadie se haya olvidado de Chernóbil, pero volvió a ser noticia en 2022 cuando la Zona, junto con la central nuclear, fue ocupada brevemente por el ejército ruso al principio de la invasión en curso de Ucrania. Durante la ocupación, las fuerzas rusas continuaron el trabajo de mantenimiento junto a los ucranianos en una rara muestra de cooperación en medio de una guerra furiosa entre los dos países postsoviéticos.

Conclusión

A medida que la humanidad avanza hacia el siglo XXI, se hace cada vez más claro que la historia no se ha detenido. Después de la Guerra Fría, parecía surgir un nuevo mundo, al menos desde la perspectiva occidental. La percepción de que la humanidad había doblado una especie de esquina monumental y había entrado en una nueva era en la que las reglas y patrones de los milenios pasados ya no se aplicaban se volvió bastante común. Los politólogos y otros pensadores, como Francis Fukuyama, articularon y popularizaron aún más estas nociones. Fukuyama especuló en su libro de 1992, *El fin de la historia y el último hombre,* que el desarrollo sociocultural y político de la humanidad había llegado a un punto final.

Más de treinta años después, el mundo ha visto cómo tales nociones se desmoronaban espectacularmente. La humanidad ha pasado por una gran agitación económica, encarnada en la crisis económica mundial de 2008. El mundo ha lidiado con las consecuencias de una gran pandemia en curso causada por la COVID-19, que ha enviado sus propias ondas de choque económicas a todo el planeta. Por último, pero no menos importante, la invasión de Ucrania en 2022 por parte de la Federación Rusa ha desencadenado un enfrentamiento geopolítico mundial que se asemeja más claramente a una confrontación de bloques importantes con cada día que pasa. Además de todo eso, el ascenso aparentemente inexorable de China como un coloso económico y militar capaz de competir con Estados Unidos, si no de superarlo, es otro desafío para el orden mundial existente.

107

Para bien o para mal, el mundo está cambiando. El sistema económico mundial ha demostrado ser tan frágil como siempre, y civilizaciones enteras parecen ser tan vulnerables a los grandes brotes de enfermedades como siempre lo han sido. La infraestructura de seguridad está siendo cuestionada, erosionada y reconfigurada en Europa y, en consecuencia, en otras partes del mundo. Todos estos procesos ilustran, casi más allá de toda duda, que la historia no sólo ha seguido avanzando, sino que se está acelerando.

Lo que todo esto significa y hacia dónde conduce este camino no se puede predecir más allá de ninguna duda, pero las lecciones de historia siempre están ahí para ser estudiadas y aplicadas donde sea posible. Algunas de las historias discutidas anteriormente eran cuentos de catástrofes causadas por errores humanos, mientras que otras eran la ira de la naturaleza, pero todas ellas ilustran algunas trampas comunes con las que la humanidad aún tiene que lidiar. Una lección es que los esfuerzos humanos, incluido el más poderoso de los imperios, son transitorios y eventualmente abandonarán el escenario.

Más importante aún, los relatos de la historia describen que la humanidad debe tener cuidado con la impulsividad, el liderazgo deficiente, la planificación inflexible y la arrogancia. La civilización es indudablemente muy sofisticada hoy en día, y la ciencia de la humanidad nunca ha sido más avanzada, sin embargo, las personas son tan falibles como siempre. El punto más importante que hay que tener en cuenta es que las leyes y los patrones de la historia siguen siendo válidos. Cuando la gente construyó el *Titanic* y el *Hindenburg,* pensaron que la tecnología había llegado a su punto máximo y que nada malo podía suceder. Cuando finalizaron el Tratado de Versalles, pensaron que la Primera Guerra Mundial era tan horrible que seguramente terminaría con la guerra para siempre. Los soviéticos pensaban que su industria nuclear era impecable e inmune a los accidentes.

La complacencia es la madre de todas las calamidades, y cuando las personas dan por sentado el progreso, la comodidad, la seguridad, la estabilidad o la riqueza, es seguro que sobrevendrá la tragedia. Todas las maravillas del siglo XXI no han cambiado ese hecho, y actualmente se le está recordando al mundo esa realidad. La capacidad de la humanidad para escapar del ciclo y la arrogancia inherente a la complacencia determinarán la capacidad del mundo para encontrar su camino seguro hacia el próximo siglo. La tecnología, la seguridad, la estabilidad social y la paz mundial no son dones divinos a los que la humanidad tenga derecho. Son lujos frágiles que deben ser tratados y mantenidos con el máximo cuidado y humildad.

Mira otro libro de la serie

FRACASOS ÉPICOS DE LA HISTORIA ANTIGUA

Errores Divertidísimos y Meteduras de Pata Desconcertantes que Dieron Forma a las Civilizaciones

Ahoy Publications

Referencias

Johnson, B. (2017). Great Fire of London 1666. Historic UK. https://www.historic-uk.com/HistoryUK/HistoryofEngland/The-Great-Fire-of-London/

Brain, J. (2019, July 3). The Charge of the Light Brigade. Historic UK. https://www.historic-uk.com/HistoryUK/HistoryofBritain/Charge-Of-The-Light-Brigade/

David, S. (2018, December 7). The Charge of the Light Brigade: Who Blundered in the Valley of Death? HistoryExtra; HistoryExtra. https://www.historyextra.com/period/victorian/the-charge-of-the-light-brigade-who-blundered-in-the-valley-of-death/

National Geographic, E. (2023, April 4). You Know How It Sank. How Was the Titanic Dreamed Up? National Geographic. https://www.nationalgeographic.com/premium/article/making-titanic-belfast-ship-unsinkable

Pruitt, S. (2018, August 29). Why Did the Titanic Sink? HISTORY; A&E Television Networks. https://www.history.com/news/why-did-the-titanic-sink

Ewers, J. (2008, September 25). The Secret of How the Titanic Sank. US News & World Report; U.S. News & World Report. https://www.usnews.com/news/national/articles/2008/09/25/the-secret-of-how-the-titanic-sunk

Cartwright, M. (2018, January 23). 1453: The Fall of Constantinople. World History Encyclopedia. https://www.worldhistory.org/article/1180/1453-the-fall-of-constantinople/

Cartwright, M. (2020, May 28). Spanish Armada. World History Encyclopedia. https://www.worldhistory.org/Spanish_Armada/

Cartwright, M. (2018, September 4). Children's Crusade. World History Encyclopedia. https://www.worldhistory.org/Children%27s_Crusade/

Fraga, K. (2022, March 5). In 1618, A Crowd Of Protestants Threw Three Catholics From A Window In Prague — And Sparked The Thirty Years' War (E. Hawkins, Ed.). All That's Interesting. https://allthatsinteresting.com/defenestration-of-prague

Mason, E. (2019, May 23). The 1618 Defenestration of Prague explained. HistoryExtra; HistoryExtra. https://www.historyextra.com/period/stuart/1618-defenestration-prague-facts-history-explained-what-happened-why-castle-protestant-catholic/

Ishak, N. (2021, January 12). How An "Unsinkable" Swedish Warship Found Itself At The Bottom Of The Stockholm Harbor (J. Anglis, Ed.). All That's Interesting. https://allthatsinteresting.com/vasa-ship

Wilde, R. (2019, February 6). The Treaty of Versailles: An Overview. ThoughtCo. https://www.thoughtco.com/the-treaty-of-versailles-an-overview-1221958

Bulut, M. H. (2021, October 25). Battle of Karansebes: Easiest victory in Ottoman history. Daily Sabah. https://www.dailysabah.com/arts/battle-of-karansebes-easiest-victory-in-ottoman-history/news

Dorney, J. (2016, October 18). The Great Irish Famine 1845-1851 – A Brief Overview – The Irish Story. Theirishstory.com. https://www.theirishstory.com/2016/10/18/the-great-irish-famine-1845-1851-a-brief-overview/

Mahmood, P. (2022, April 16). "Dumbest Battle In History" – Drunken Disorder And Confusion At Karánsebes. The Friday Times. https://thefridaytimes.com/16-Apr-2022/dumbest-battle-in-history-drunken-disorder-and-confusion-at-kar-nsebes

Serena, K. (2018, December 29). When The Austrian Army Fought Itself Because Its Calvary Wouldn't Share Schnapps (L. Silverman, Ed.). All That's Interesting. https://allthatsinteresting.com/battle-of-karansebes

Cartwright, M. (2023, April 5). Black Death. World History Encyclopedia; World History Publishing. https://www.worldhistory.org/Black_Death/

Mark, H. W. (2023, August 24). Napoleon's Invasion of Russia. Www.worldhistory.org. https://www.worldhistory.org/Napoleon

Homer, A. (2021, December 17). The Biggest Theories About The Tunguska Event: What Really Happened? Grunge.com. https://www.grunge.com/710556/the-biggest-theories-about-the-tunguska-event-what-really-happened/

Jay, P. (2008, June 30). The Tunguska Event. CBC. https://www.cbc.ca/news/science/the-tunguska-event-1.742329

Library of Congress. (2015). The Lusitania Disaster. The Library of Congress. https://www.loc.gov/collections/world-war-i-rotogravures/articles-and-essays/the-lusitania-disaster/

McDermott, A. (2018, April 17). How the Sinking of Lusitania Changed World War I. HISTORY. https://www.history.com/news/how-the-sinking-of-lusitania-changed-wwi

Royal Museums Greenwich. (2023, April 6). The Tunguska Event. Www.rmg.co.uk. https://www.rmg.co.uk/stories/blog/tunguska-event

Cartwright, M. (2018, March 21). Pompeii. World History Encyclopedia. https://www.worldhistory.org/pompeii/

Grossman, D. (2009). The Hindenburg Disaster. Airships.net. https://www.airships.net/hindenburg/disaster/

Stromberg, J. (2012, May 10). What Really Sparked the Hindenburg Disaster? Smithsonian; Smithsonian.com. https://www.smithsonianmag.com/science-nature/what-really-sparked-the-hindenburg-disaster-85867521/

Blakemore, E. (2019a, May 20). The Chernobyl Disaster: What Happened, and the Long-Term Impact. National Geographic. https://www.nationalgeographic.co.uk/environment/2019/05/chernobyl-disaster-what-happened-and-long-term-impact

Blakemore, E. (2019b, November 8). Why the Berlin Wall Rose—and How It Fell. National Geographic; National Geographic. https://www.nationalgeographic.com/history/article/why-berlin-wall-built-fell

Fuentes de imágenes

[1] *HefePine23, CC BY-SA 2.0 <https://creativecommons.org/licenses/by-sa/2.0>, vía Wikimedia Commons: https://commons.wikimedia.org/wiki/File:Titanic_Stardboard_Side_Diagram.jpg*

[2] *AnónimoAutor desconocido, CC0, vía Wikimedia Commons. https://commons.wikimedia.org/wiki/File:Titanic_Starboard_lifeboats.jpg*

[3] *https://commons.wikimedia.org/wiki/File:Charge_of_the_Light_Brigade.jpg*

[4] *dmytrok, ATRIBUTOS NODERIVADOS 2.0 GENÉRICOS, CC BY-ND 2.0 <https://creativecommons.org/licenses/by-nd/2.0/> https://www.flickr.com/photos/klimenko/14374104919*

[5] *Carole Raddato de FRANKFURT, Alemania, CC BY-SA 2.0 <https://creativecommons.org/licenses/by-sa/2.0>, vía Wikimedia Commons. https://commons.wikimedia.org/wiki/File:Constantine_the_Great_Statue_in_York,_commissioned_in_1998_and_sculptured_by_Philip_Jackson,_Eboracum,_York,_England_(7643906080).jpg*

[6] *A.Savin, FAL, vía Wikimedia Commons: https://commons.wikimedia.org/wiki/File:Istanbul_asv2021-11_img65_Walls_of_Constantinople.jpg*

[7] *Dan, ATTRIBUTION-SHAREALIKE 2.0 GENERIC, CC BY-SA 2.0 <https://creativecommons.org/licenses/by-sa/2.0/> https://www.flickr.com/photos/twiga_swala/2252671801*

[8] *https://commons.wikimedia.org/wiki/File:Spanish_Armada_fireships.jpg*

[9] *Hecho por Niels Bosboom, ATTRIBUTION-SHAREALIKE 3.0 UNPORTED, CC BY-SA 3.0 <https://creativecommons.org/licenses/by-sa/3.0/> https://en.wikipedia.org/wiki/File:Maginot_Line_ln-en.PNG*

[10] *Bjoertvedt, CC BY-SA 4.0 <https://creativecommons.org/licenses/by-sa/4.0>, vía Wikimedia Commons: https://commons.wikimedia.org/wiki/File:Monument_Maginot_IMG_8142_verdun.JPG*

[11] *https://commons.wikimedia.org/wiki/File:Great_Fire_London.jpg*

[12] *https://commons.wikimedia.org/wiki/File:V%C3%A1clavBRO%C5%BD%C3%8DK-Defenestrace.jpg*

[13] *Willem Jacobsz Delff, CC0, vía Wikimedia Commons: https://commons.wikimedia.org/wiki/File:Willem_Jacobsz_Delff_after_Michiel_van_Miereveld,_Hendrik_Matthias,_Count_of_Thurn_and_Taxis,_1625,_NGA_55067.jpg*

[14] *https://commons.wikimedia.org/wiki/File:Job_-_la_croisade_des_enfants.jpg*

[15] *https://commons.wikimedia.org/wiki/File:Treaty_of_Versailles,_English_version.jpg*

[16] *Samuele Wikipediano 1348, CC BY-SA 4.0 <https://creativecommons.org/licenses/by-sa/4.0>, vía Wikimedia Commons. https://commons.wikimedia.org/wiki/File:Colorized_portrait_of_Thomas_Woodrow_Wilson.jpeg*

[17] *Dennis Jarvis de Halifax, Canadá, CC BY-SA 2.0 <https://creativecommons.org/licenses/by-sa/2.0>, vía Wikimedia Commons: https://commons.wikimedia.org/wiki/File:Sweden_1041_-_Vasa_(4033842452).jpg*

[18] *I.Sáček, senior, CC0, vía Wikimedia Commons: https://commons.wikimedia.org/wiki/File:Phytophthora_infestans_5619.JPG*

[19] *Borvan53, CC BY-SA 3.0 <https://creativecommons.org/licenses/by-sa/3.0>, vía Wikimedia Commons: https://commons.wikimedia.org/wiki/File:Potatoes_Production_Great_Famine_en.svg*

[20] *https://commons.wikimedia.org/wiki/File:Stanis%C5%82aw_Chlebowski_-_Episode_from_Austro-Turkish_wars,_sketch_-_MP_4690_MNW_-_National_Museum_in_Warsaw.jpg*

[21] *https://commons.wikimedia.org/wiki/File:Napoleon_I_of_France_by_Andrea_Appiani.jpg*

[22] *https://commons.wikimedia.org/wiki/File:Barclay1829.jpg*

[23] *https://commons.wikimedia.org/wiki/File:RMS_Lusitania_coming_into_port,_possibly_in_New_York,_1907-13-crop.jpg*

[24] *https://commons.wikimedia.org/wiki/File:Tunguska_Ereignis.jpg*

[25] *https://commons.wikimedia.org/wiki/File:Napoli_Mount_Vesuvius_1858_engraving.jpg*

[26] *Silar, CC BY-SA 4.0 <https://creativecommons.org/licenses/by-sa/4.0>, vía Wikimedia Commons: https://commons.wikimedia.org/wiki/File:02004_Forum_(Pompeii).jpg*

[27] *Familienarchiv, CC BY-SA 4.0 <https://creativecommons.org/licenses/by-sa/4.0>, vía Wikimedia Commons: https://commons.wikimedia.org/wiki/File:LZ_129_Hindenburg_Passendorf.jpg*

[28] *Ad Meskens, CC BY-SA 4.0 <https://creativecommons.org/licenses/by-sa/4.0>, vía Wikimedia Commons: https://commons.wikimedia.org/wiki/File:Berlin_Wall_1979_02.jpg*

[29] *Banco de imágenes del OIEA, CC BY-SA 2.0 <https://creativecommons.org/licenses/by-sa/2.0>, vía Wikimedia Commons: https://commons.wikimedia.org/wiki/File:Chernobyl_04710018_(8134364258).jpg*